DIALOGUES SUR LE BONHEUR
De Thalès à Pierre Hadot

Du même auteur

Non Monsieur Fukuyama, l'histoire n'est pas finie !, BoD, 2010
Une fois par jour, BoD, 2012

© 2012, Farges
Edition : BoD - Books on Demand
12/14 rond-point des Champs Elysées
75008 Paris
Imprimé par Books on Demand, Norderstedt, Allemagne
ISBN : 9782810625567
Dépôt légal : novembre 2012

Jean-Pascal Farges

DIAOGUES SUR LE BONHEUR
De Thalès à Pierre Hadot

Thalès (625 – 547)

Devant moi cette immensité bleue lisse et mon esprit qui se perd dans cette eau marine. En cette soirée chaude d'Ionie, rien ne m'est plus inconnu que ce soleil qui disparait à l'horizon, que cette chaleur qu'on n'appelait pas encore « d'été » et cette eau à perte d'esprit.

- Marchons un peu si tu veux.
- Qui es-tu ?
- Je me nomme Thalès, on m'appelle « le Sage ».
- Pourquoi devrais-je marcher avec toi ?
- Quand tu marches, les questions s'allègent et l'esprit se promène.
- Comment sais-tu que j'ai des questions ?
- Personne ne reste à contempler la mer sans questions. Dis-moi ce qui occupe ta pensée ?
- Trop de pensées m'occupent.
- Lève-toi et commençons à marcher. Où portait ton regard ?
- Sur la mer et au-delà.
- Regardons-la ensemble ; que vois-tu ?
- Une grande étendue compacte, remuante, qui semble tomber au bout du monde.
- Ce que tu vois est de l'eau, une grande quantité d'eau. La fascination que tu éprouves pour cet élément naturel est un juste retour de choses.
- Je ne te comprends pas.
- Si tu penses, quand tu laisses aller ton esprit voguer sur les flots, c'est que l'eau l'a permis.
- Je ne te comprends toujours pas.
- L'eau est à l'origine de la vie donc de la pensée. La vie n'est apparue qu'avec l'eau. Elle est à l'origine du vivant. Je passe une grande partie de mon temps à observer la nature et elle me dit que rien n'est possible

sans eau. J'ai vu un grand fleuve dans un autre pays qui donne vie aux terres alentours et permet aux habitants de ne pas se soucier de leur nourriture. Il n'y a pas une plante qui n'ait besoin d'eau pour grandir. Il n'est pas un humain qui puisse durablement vivre sans boire. Il n'est pas un animal qui ne cherche pas à étancher sa soif. Mais l'eau est bien plus.
- Quoi donc ?
- Elle est une matrice qui baigne le monde, un élément de sagesse puisqu'elle sait prendre les formes les plus appropriées : gaz, glace… c'est selon. Elle nous enseigne ainsi la souplesse, la variation, la malléabilité, l'agilité, la subtilité d'un esprit qui pense. La pensée n'est pas un roc ou alors elle n'est plus la pensée. Allons-voir une source et observons ce qu'elle peut nous apprendre.
- L'eau a donc une origine.
- Non, nous sommes originaires de l'eau, tous les éléments en sont issus. Regarde cette source, que vois-tu ?
- Un fin bouillonnement qui s'extrait de la terre et qui s'écoule avec finesse en épousant les reliefs du sol.
- C'est un peu comme ton esprit, il bouillonne puis la pensée se transforme en mots. En réalité, l'eau nous apprend à vivre. Reprenons notre marche en suivant ce mince filet. Comment l'eau se comporte-t-elle ?
- Elle sinue, accélère son flux quand le sol est en pente, se répand quand il est plus plat, contourne gracieusement les obstacles ; elle semble vouloir atteindre une destination.
- Laisse l'eau à son chemin et considère ta vie. Tu es né d'un bouillonnement quand ta mère perdit les eaux et te mit au monde. Tu quittas un liquide pour affronter le solide. Depuis tu t'écoules entre pentes et plats, entre froid et chaud, obstacles après obstacles. Si tu retiens les leçons de l'eau alors tu sauras bien vivre : penser les circonstances et faire en fonction d'elles. Si la circonstance mérite la vitesse tu hâteras ton flot, si elle attend de la lenteur, tu modèreras tes emportements ; une circonstance chaude t'invitera à l'évaporation et

une circonstance froide te conviera au gel. Ce que je veux dire c'est que, comme l'eau, nous disposons de multiples formes pour traverser notre vie et nos souffrances viennent de notre entêtement à n'en utiliser qu'une. Imagine la douleur d'être trop chaud alors qu'il fait froid ou trop froid alors qu'il fait chaud ou celle qui consiste à se jeter sur l'obstacle au lieu de le contourner. Si notre vie s'écoule c'est que nous sommes fluides. L'eau recherche la voie de la moindre résistance et nous donne à réfléchir sur nos pensées et nos comportements.

- Quelle serait la vie parfaite ?
- La vie fluide, celle qui évite le malheur et recherche le bonheur. Il nous faut retrouver notre intelligence liquide pour ne plus nous blesser par de mauvaises réponses aux situations qui nous sont faites. Et d'abord humidifier notre pensée qui est souvent trop sèche et trop aride, inflexible et sans nuances. Imagine la mer, que tu contemplais il y a un instant, comme un bloc immobile, sans mouvement, sans déchaînement, sans calme, sans flux ni reflux ; cette vision te donne une bonne image de ce qu'est la pensée des hommes. Ils appellent cela, non sans fierté, une croyance, une certitude, une conviction, une opinion… j'appelle cette pensée une sécheresse de l'âme. Retrouve en toi ce filet d'eau que tu suis des yeux, trouves-y le bonheur d'être et élabore ta pensée avec la même souplesse. Laisse-toi pénétrer de savoirs humides, sans contours, sans tranchants, sans arrêtes et agis en épousant la forme qui te paraîtra la plus fluide.
- Tu n'as pas répondu : l'eau poursuit-elle une finalité ?
- Qui sait ? Elle recherche plus grand qu'elle : le ru quête le ruisseau, le ruisseau la rivière, la rivière le fleuve, le fleuve la mer parce que c'est le moyen le plus habile pour circuler. De la même manière il nous faut trouver le moyen le plus habile pour circuler dans notre monde. Comme l'eau, tu t'es frotté et te frotteras aux berges, au solide, mais tu ne changeras pas de nature.
- Mais nous mourrons alors que l'eau ne meurt pas.
- Je me souviens avoir répondu à quelqu'un qui me disait « Pourquoi ne meurs-tu pas ? », « Parce que ça ne fait aucune différence. » La mort et la vie sont un même processus. Comme le cours d'eau, la vie continue

et la mort ne l'arrête pas. Après moi il y a toi et après toi il y a tes enfants. Si tu observes un point fixe à la surface d'une rivière, tu vois passer le flot continu de la vie. Jette une brindille et suis-la du regard, tu ne verras plus le flot mais la brindille s'éloigner. Nous pouvons considérer la vie de la même façon, soit nous observons son flot, soit nous observons notre vie comme la brindille emportée par le courant.

- Tout semble simple à t'écouter.
- Non tout est clair ainsi que l'eau. Ce sont les vues agitées qui troublent la pensée comme le sable sur la plage où tu étais, trouble les vaguelettes du flux et du reflux. Tu ne verras pas clair tant que tu agiteras ton esprit en tout sens, tant que tu n'auras pas trouvé le cours de tes pensées, tant que tu ignoreras la sagesse du fluide. L'eau fait ce que nous sommes, buvons-en de cette source et quittons-nous abreuvés.

Héraclite (544 – 480)

Tôt le matin, je pris le chemin qui conduit à Ephèse. La chaleur n'est pas accablante, le vent léger apporte la fraicheur de la mer.

- Puis-je t'accompagner un instant ?
- Qui es-tu ?
- Je me nomme Héraclite. Quel chemin poursuis-tu ?
- J'ai entrepris de me rendre à Ephèse.
- Je t'y accompagne, c'est là que je réside.
- Qu'y fais-tu ?
- Du feu.
- Etonnante occupation !
- Je veux parler du principe matériel de l'univers. J'observe le feu, source de toute matière et de toute vie.
- Tu veux dire que l'univers est né du feu.
- Non, je veux dire qu'il en est le principe éternel. L'univers n'a ni début ni fin, il est du feu qui s'allume ou du feu qui s'éteint.
- Les dieux n'auraient-ils pas créé tout ce qui existe ?
- Non, ni les dieux ni les hommes.
- Il y a pourtant un début à toute chose n'est-ce pas ?
- Non, toute chose apparaît puis disparaît à nos yeux, dans le temps où nous la considérons. Une chose, qu'elle soit créée ou incréée reste une chose.
- Voudrais-tu t'assoir quelques instants avec moi, j'avoue avoir quelques difficultés à comprendre.
- Les choses naissent et meurent sans cesse pour nos yeux. En réalité, elles ne font que changer. Ce qui est froid devient chaud, ce qui est sec devient humide et inversement. Tout se transforme et se mélange Ton corps deviendra cendres ou poussière se mélangeant ainsi à l'humus, à

l'eau, à l'univers. Nous considérons les choses dans leurs états visibles au moment où nous les voyons. Regardons-les non plus dans l'instant mais dans la durée. Elles changent. Bien plus, elles changent sans cesse et sont toujours les mêmes. Ce chemin que l'on vient de descendre et que l'on va devoir monter à présent est le même chemin. Le changement nous trompe sur la nature des choses. Le jour n'existe que par la nuit et la nuit n'existe que par le jour ; jour et nuit sont un seul et même phénomène. Observe cet anneau que je porte à mon doigt, il n'a ni début ni fin ou, pour le dire autrement, le début et la fin sont l'anneau.
- Il faut qu'il y ait un jour pour qu'il y ait une nuit.
- Oui, le monde se meut par cette tension entre guerre et paix, froid et chaud, jeune et vieux, vie et mort. Le conflit est la dynamique de l'univers.
- Cela n'a aucun sens.
- En effet, l'univers n'est porteur d'aucun sens. Il s'agit juste de conflits entre forces contraires, expressions d'un feu éternel principe de toute chose. Pourquoi faudrait-il qu'il y ait un sens ?
- J'ai toujours cru qu'il fallait que les choses aient une raison d'exister.
- Contente-toi d'exister et tu trouveras bien des bonheurs que tu ne trouveras pas dans la recherche illusoire d'un sens. Tout ici s'arrange dans le frottement, un peu comme nous en ce moment.
- Que veux-tu dire ?
- Ce que nous échangeons nous change, c'est un frottement entre deux pensées, entre une question et une réponse, entre une incompréhension et une compréhension, un dialogue entre des contraires. C'est tout le mouvement de l'univers qui s'exprime entre nous. Considère maintenant ta vie, tu y verras l'affrontement de ta naissance à aujourd'hui entre un toi changeant et un monde changeant. Indifféremment le monde te change et tu changes le monde.
- C'est d'une grande tristesse.
- Notre conversation est-elle si triste ? Regarde autour de toi, cette mer en contrebas qui se frotte au rivage, ces oiseaux marins qui se tendent au

vent et nos mots qui confrontent nos pensées. La paix n'est pas de ce monde, l'erreur serait de vouloir le pacifier, le mouvement s'arrêterait alors et l'univers s'effondrerait. Regarde en toi, tout s'affronte, le bien et le mal, l'émotion et la raison, le défaut et la qualité, le désir et l'interdit. Ce qui te constitue est la tension entre des contraires. Malheur à qui voudrait résoudre ceux-ci.
- Je dois donc accepter mes défauts sans vouloir les corriger ; ai-je bien compris ?
- Puisque tes qualités sont une autre forme de tes défauts, supprime ceux-ci et celles-là disparaissent. Supprime ta tristesse et tu n'auras plus de joie, supprime tes pleurs et tes rires disparaîtront. La vie est le mouvement entre tous ces contraires, ne meurt pas mon ami.
- Qui sont donc ces sages qui disent ne plus posséder de défauts ?
- Ce ne sont pas des sages mais des morts. Ils ne sont plus à la vie, reclus dans leur inhumanité, là où la lumière ne fait plus d'ombre. Ils sont morts et invitent ceux qui les écoutent à les suivre dans leur immobilité tombale. Les morts ne possèdent aucune sagesse.
- Il n'y aurait donc rien à rendre meilleur chez soi ?
- Si, se réconcilier avec ses tensions internes et aimer les conflits avec le monde. La seule paix que nous pouvons trouver est celle de nos contraires réconciliés. Ainsi, quand tu es en colère tu es aussi capable d'une grande douceur.
- Ce n'est pas la même chose.
- Ce n'est pas la même expression de toi mais c'est la même chose.
- Tout ne serait-il qu'une guerre ?
- Oui, tout est en conflit. C'est notre appréhension du conflit qui est erronée. Ce sont nos jugements qui nous font guerroyer contre la guerre au nom d'une paix qui serait une valeur suprême. Ce que je te dis est que nous serons apaisés quand nos tensions ne nous tendront plus. Connais-toi avec sagesse et tu apprendras à aimer tes contraires, à jouer avec le mouvement des conflits, à vivre du début à la fin puisque ce n'est qu'une seule et même chose. Reprenons notre marche si tu le veux

bien et tu verras que chaque pas est fait de deux forces qui s'affrontent sans que cet affrontement ne t'effraie ; il est même souhaitable.
- Tu prônes la discorde.
- Je ne prône pas la discorde mais constate qu'elle est le mouvement de la vie et qu'elle fait advenir toute chose. Il s'agit donc d'entretenir la discorde pour que tout s'accorde. Vois Ephèse au loin, nous allons nous quitter bientôt. Sache que j'ai eu plaisir à te parler et comme l'univers se détruit et se recrée nous aurons un jour une autre conversation ensemble quand je ne me nommerai plus Héraclite. Fais de ta vie une palette de contraires pour que tout chez toi soit comme le mouvement du ciel : éternel. Je te donne cet anneau pour te souvenir, quand ton esprit sera trouble, que tout est début et fin à la fois. Tu te souviendras que ce qui semble se séparer dans le conflit n'est qu'une seule est même chose. Tu sauras à tes prochaines larmes qu'elles sont aussi un sourire.

Protagoras (490 – 421)

Abdère, enfin, après de longues journées de marche. Il y a foule dans le port et sur les places. Les marchands s'agitent, les navires accostent ou partent, les étals regorgent de produits très divers et parfois très colorés. Je n'éprouve pas le désir de me mêler à cette agitation et préfère l'observer. Il semble qu'elle soit réglée par un arrangement tacite entre tous les membres de cette multitude.

- Je te sens intrigué jeune homme. Par quoi pourrais-tu l'être ?
- Je ne suis pas intrigué, seulement intéressé par le mouvement de toutes ces personnes.
- Je salue ta curiosité.
- Qui la salue ?
- Protagoras.
- Je préfère ne pas parler avec toi, tu as la réputation de demander de l'argent pour ton enseignement. Je n'ai pas d'argent à te donner et ne suis pas sûr que tes paroles valent une pièce.
- Je ne te demanderai donc rien pour mon silence.
- Je ne parlerai pas davantage, mes mots aussi s'échangent contre de l'argent. Nous pourrions alors échanger nos mots ainsi plus n'est besoin d'argent.
- Je salue ton habileté et agrée à ta proposition. Tu évoquais le mouvement dans le port, tu pourrais y voir comme une loi humaine qui règlerait la circulation des marchandises, leur prix et les accords entre les marchands. J'affirme que c'est la seule loi qui vaille.
- Il y a pourtant bien d'autres lois ; les lois de la nature par exemple, pourquoi vaudraient-elles moins que celles des hommes ?
- Elles ne valent pas moins ou plus, elles s'imposent aux hommes mais ne sont pas d'eux. Elles peuvent même contrarier le destin humain et il est juste que l'Homme les soumette par sa propre loi.

- Peux-tu éclairer ton propos ?
- Oui, la maladie par exemple est une manifestation des lois naturelles. Si l'Homme ne s'y oppose pas, la maladie se développe jusqu'à la mort. Il est juste que l'Homme fasse reculer la maladie par tous les moyens possibles. En cela, il combat la loi de la nature et impose sa loi. De la même façon, les lois qui régissent le port que tu observes sont issues d'accords entre les hommes. A Athènes, les hommes ont décidé d'être gouvernés par leur loi.
- Les hommes ne peuvent pas, par la loi, changer la course du soleil dans le ciel.
- Pourquoi la changer puisqu'elle est bénéfique aux hommes ? L'Homme peut toutefois faire de l'ombre pour se protéger des ardeurs solaires.
- Il n'y aurait donc rien d'absolu selon toi, tout est soumis à la volonté des hommes.
- Tout n'y est pas soumis mais tout peut l'être.
- Que dis-tu de la morale ?
- La morale n'est pas d'airain, elle est soumise aux circonstances. Tous les préceptes moraux prétendent à l'absolu et à l'universel. Chez certains peuples barbares, la morale édicte des préceptes moraux très différents des nôtres. Pouvons-nous dire pour autant qu'ils sont meilleurs ou moins bons ? Ils sont relatifs aux circonstances et conditions de la vie de ces peuples. De même notre morale est circonstancielle puisqu'issue de notre histoire, de notre culture, de nos traditions, de nos croyances et de la pensée. Mais si les circonstances venaient à changer, serait-il impossible de changer notre morale au nom d'une intangibilité décidée et imposée par ses gardiens ?
- La morale est une nécessité pour tous les peuples dans le but d'éviter la violence et de pacifier les relations entre les hommes.
- La nécessité ferait-elle de la morale un absolu ? Il n'y a pas d'absolu dans un monde relatif fait de circonstances successives et éphémères. Les hommes, parce qu'ils sont doués de la pensée, peuvent déterminer par eux-mêmes une morale pour un temps donné à un moment donné. Si nous nous étions rencontrés dans un autre endroit à un autre moment,

la teneur de notre discussion eut pu être très différente. Si le port n'existait pas, tu ne l'aurais pas observé et nous n'aurions pas parlé de ce mouvement qui fut l'entame de notre conversation. Peut-on juger des choses absolument sachant que ces choses dépendent des circonstances et que celui qui juge en dépend également ?
- Mais il est des vérités absolues.
- Quelles sont-elles ?
- La platitude de la terre par exemple.
- Il n'est pas dit avec absolue certitude qu'elle soit plate. Si la platitude est démontrée il s'agit d'un fait avéré et non d'une vérité ; il convient de faire la différence entre véracité et vérité ou entre exactitude et vérité. Si tu dis : « la terre est plate », tu décris un phénomène en conformité avec ce que dit la science, tu dis donc une chose exacte. La vérité est une prétention divine à fixer définitivement les choses et notamment celles qui concernent les hommes. L'affirmation « les dieux existent » est une vérité pour un croyant et, au mieux, une hypothèse pour un homme doué de raison.
- Comment vivre sans vérité ?
- Commence par vivre avec exactitude, connais les choses exactes exactement et sens combien ce qui n'est pas de cet ordre est relatif. Tu prendras en considération autrui si tu sais combien ce qu'il dit est relatif à ce qu'il a été, à ce qu'il est et aux circonstances passées et présentes. Ainsi nous ne serons jamais des dieux et resterons des hommes dans un monde fait à notre mesure. Le jugement absolu est un tyran de l'esprit, une rigidité de la pensée, un refuge de la peur. Vois comme les choses sont transitoires, mouvantes, incertaines, corruptibles. Elles n'ont rien d'absolu en elles, elles nous échappent sans que nous puissions leur échapper. Laisse-toi aller aux états successifs de ton âme, saisis les moments sans les figer dans les certitudes afin qu'ils poursuivent leur mouvement ; tu verras alors les choses comme elles sont et tu seras comme tu es.
- Rien ne vaut.

- Rien ne vaut ou tout vaut. Ton jugement dit ce qui vaut et ce qui ne vaut pas et ces valeurs te sont propres. Garde-toi d'en prêcher l'universalité et l'absolutisme, tu ferais alors ton malheur et le malheur du monde. Laisse la vérité aux dieux, la morale aux hiérophantes et la certitude aux fous. Garde en toi l'humilité de la relativité de ta condition et de celle de tes semblables pour te souvenir que tout vient de toi, que tout procède de l'Homme. Je vais te laisser à bon port poursuivre ta contemplation du mouvement humain et te conseille de revenir demain à la même heure pour constater si le port a changé et si tu as changé. Je t'ai dit beaucoup et toi peu. Je devrais te réclamer l'argent de cette différence mais n'en ferai rien. Ma réputation en souffrira mais les siècles se chargeront de la dissoudre. Et puis je sais que tu n'iras pas colporter ce manquement à mon éthique auprès de mes nombreux détracteurs. Encore un mot, si on t'interroge sur les Sophistes, dis, s'il te plaît, qu'ils ne tiennent pas des discours faits d'artifices rhétoriques et d'habiles arguties mais qu'ils pensent la vie avec douceur.

Leucippe (460 – 370)

Adossé à une fontaine pour me reposer, mon attention est attirée par un discours véhément d'un prêcheur qui promet la colère des dieux. Une petite foule s'est attroupée pour entendre les promesses de malheur faites aux âmes égarées qui n'honorent pas les dieux.
Un homme de grande taille vient s'abreuver à la fontaine et s'assoit à mes côtés puis, après un court instant, se tourne vers moi et m'interroge :

- As-tu peur de la colère des dieux ?
- Je ne sais pas, qui me le demande ?
- Leucippe.
- Et bien Leucippe, je ne sais pas si j'ai peur ou non. Je n'ai jamais vu la colère des dieux et je ne les ai pas davantage vu eux-mêmes. Il semble pourtant qu'ils soient capables de colère sinon pourquoi en parlerions-nous ?
- Comment sont ces dieux ?
- Je ne sais pas ; peut-être sont-ce des esprits éthérés dont on dit qu'ils ont créé tout ce qui est. Des entités immatérielles que seuls certains initiés peuvent connaître.
- Tu ne sais pas mais tu crois savoir. Penses-tu que nous ayons besoin des dieux ?
- Comment expliquer alors ce qui nous échappe sinon par les dieux ?
- Et si ce qui nous échappait était sous nos yeux ?
- Que veux-tu dire ?
- Viens, suis-moi, nous allons faire une découverte tous les deux.
- Où m'emmènes-tu ?
- Chez les dieux. Allons dans cette ruelle et cherchons un rayon de lumière que laisseraient échapper les murs des maisons.
- Là-bas !

- Nous y sommes. Remue la terre avec tes pieds regardons ce qui se passe. Tu vois, le rayon nous montre une infinité de grains de poussière qui suivent chacun une trajectoire qui semble désordonnée. Si nous sommes patients, nous les verrons s'agréger à terre d'une façon ou d'une autre ; informes, ils prennent formes.
- Où sont les dieux ?
- Tu viens de les voir ; ce sont ces minuscules substances, ces infimes morceaux de matière.
- Ce ne sont pas des dieux mais de la poussière.
- Tu disais à l'instant que ce qui explique ce qui nous échappe procède des dieux. Tu as devant toi l'explication de tout ce qui nous échappe.
- Veux-tu dire que cette poussière est l'explication du monde ?
- C'est ce que je veux dire. Ce que tu vois, ces pierres qui font les murs des maisons alentours, ces corps qui se déplacent sont comme cette poussière. Ils sont visibles parce que chaque grain s'est assemblé pour constituer une pierre ou un corps. Si les grains ne s'assemblent pas, ils sont invisibles. Ainsi, la vie est un assemblage et la mort un désassemblage. Voilà les dieux et tu peux constater qu'ils ne manifestent aucune colère, qu'ils ne possèdent aucune intention. Ils sont doués d'éternité et prennent des formes puis en changent ; rien de plus. Mais revenons vers la fontaine si tu le veux bien.
- Selon toi, l'ensemble de l'univers est composé de grains de matière et, ceci, de toute éternité.
- Ni dieux immatériels, ni esprits sans corps, tout est matière.
- Je n'avais jamais entendu une telle idée.
- Oui, l'Homme possède cette fâcheuse habitude de créer des divinités pour échapper à la difficulté de la question. Il perd ainsi sa raison et confie sa pensée à des personnages de comptines fort bien narrées par des conteurs. Ecoute ce prêcheur, que dit-il de raisonnable ? Il convoque en nous la peur et demande notre soumission à toutes sortes de créatures olympiennes nous invitant ainsi à la bêtise et à une vie sotte. Nous ne sommes qu'un agglomérat poussiéreux, pensant et libre. Sachant ce que nous sommes, nous ne pouvons nous soumettre à

aucune puissance imaginaire aussi céleste soit-elle. Tu vois, il est inutile de craindre le courroux d'une quelconque divinité ; il n'est rien que l'on puisse craindre.
- Sais-tu ce que tu risques si tu tiens de tels propos ?
- Rien de plus ni de moins que cette poussière voletant dans le rayon de lumière ; rappelle-toi, tout cela est agrégat qui se désagrège.
- Si l'objet de la vie n'est plus de célébrer les dieux, quel est-il ?
- Et si l'objet était maintenant de célébrer la vie. Les dieux sont poussières, sachant cela tu libères ton temps des temples, tu libères ton corps des peurs, il s'agit maintenant de savoir comment tu veux habiter le monde et comment tu peux y cultiver la joie d'y être. N'est-ce pas un bel objet ?
- Certainement, mais j'ai toujours peine à croire que les dieux n'aient aucune existence.
- La peine est bien plus grande quand tu les fais exister. Le souverain bien est la joie que tu ressens parce qu'elle t'arrive du monde des grains et que seul ce monde est disponible à ta joie. Il n'est plus d'entraves divines à l'expérience d'un corps et d'une pensée libres. Ce qui est sous tes yeux est ; libres grains qui s'arrangent pour le meilleur. Trouves-y la poésie pour dire la joie d'être en vers. Tu n'es plus séparé des choses et des êtres, tu n'es plus à part et promis à d'autres destins que celui de la matière. Il conviendra que tu réapprennes à considérer le monde comme il est et n'y percevoir que ce qu'il dit. Tes yeux verront alors et tu en jouiras, tes oreilles entendront alors et tu en jouiras encore, tes pensées iront voler avec les grains de poussière et trouveront la danse qui te réjouira. Plus rien n'est désormais hors de toi. C'est une bonne nouvelle n'est-ce pas ?
- J'aimais bien, je te l'avoue, l'idée d'une mort qui n'en était pas une.
- Veux-tu parler de la vie après la mort ?
- Oui.
- Les grains ne meurent pas, ils sont là de toute éternité, se heurtent et créent des formes puis d'autres. Dans ce monde il n'y pas de mort, tout est mouvement indéfiniment. Si les formes disparaissent, ce qui les

constitue ne meure pas. La conscience que tu as de la mort n'est pas une réalité ce qui n'empêche, je te l'accorde, de la craindre malgré tout. Que cette idée ne gâche pas ta joie naissante, que le sourire que j'ai vu sur tes lèvres t'invite à d'autres sourires. Tu peux maintenant ouvrir tes bras confiants à ce qui t'attend. Tu poursuivras encore ta marche quand je serai devenu à nouveau grains, invisibles à ton regard. Laisse maintenant ce prêcheur haineux à ces véhémences et regarde en toi cette liberté d'être.
- Pourrais-tu m'enseigner davantage ?
- Je ne peux malheureusement pas, j'ai déjà un élève qui transmettra mon enseignement et le portera plus loin que moi.
- Qui est-il ?
- Son nom est Démocrite. Je te laisse à ton chemin et me souviendrai de la fontaine où tu as noyé tes illusions. Trouve le plaisir et quête le bonheur, ils sont à toi.

Aristippe de Cyrène (435 – 366)

Athènes est vaste, chaude, grouillante, monumentale... le centre du monde, la capitale d'un empire de la pensée. Je suis fier d'être citoyen Grec. Chaque pas offre à mes yeux une promesse de civilisation. Chaque édifice parle de la grandeur de l'Homme. Les rencontres ne peuvent manquer dans cette cité où les grands esprits se confrontent. Un étrange parfum envahit mes narines. Je recherche la femme qui pourrait le porter. L'odeur devient insistante et semble venir de cet homme.

- Pourquoi portes-tu un parfum toi qui es homme ?
- Le serais-je un peu plus si je n'en portais pas ? Aristippe, mon nom, est bien masculin.
- C'est un artifice réservé aux femmes.
- Plus maintenant. Il me plait de corriger mes odeurs à ma convenance. J'y trouve un plaisir qui me satisfait et qui ne cherche rien d'autre.
- Comment peut-on trouver un plaisir à se parfumer comme une femme ?
- Parce qu'il provoque ton déplaisir et c'est là mon plaisir.
- Tu as peu le souci de l'autre.
- J'ai du souci pour ce moment jubilatoire et rien d'autre. Je ne me parfume pas à tes dépends mais aux dépends de tes jugements. Si tu as le souci de toi et si j'occasionne ton déplaisir il ne tient qu'à toi de déguerpir.
- Pas avant que tu m'expliques.
- Mes explications risqueraient de te déplaire ; je ne veux pas ajouter un trouble à ta gêne.
- Je suis curieux d'entendre ce qu'a à dire un homme parfumé.
- Viens avec moi, j'ai envie de me restaurer et d'humer quelques saveurs épicées. Les odeurs me mettent en joie quand elles sont cultivées.
- Que veux-tu dire ?

- Je veux dire que les odeurs sont sources de jouissance quand elles sont fabriquées par les hommes et qu'elles cherchent à satisfaire le nez. Les plaisirs sont ceux du corps et il convient de les chérir quand ils sont possibles.
- Crois-tu que la vie ne soit faite que de plaisirs ?
- Je ne crois rien de tel, je ne sais pas de quoi est faite la vie. Ce que je sais, c'est ce que je peux faire de la vie : une succession de plaisirs qui, quand je m'en souviens, m'apporte le plaisir du souvenir. Il n'est pas de malheur obligé qu'on doive supporter dans l'attente de jours meilleurs qui tardent toujours à venir. Nous disposons de cinq sens pour sentir et apprendre à sentir. Quelle morale pourrait prétendre nous en priver ? Regarde l'agencement de ces mets, sens les couleurs et les odeurs, tourne ton attention, à ce qu'il y a et tu y trouveras une jouissance bienfaisante, une douceur apaisante ; j'espère que tu ne refuseras pas ces parfums-là.
- Si je détourne l'attention de mon chemin, je risque de me perdre. Si je consens aux plaisirs immédiats, ils me posséderont et je serais leur esclave.
- Ton chemin est pour l'instant ici avec moi ; il convient donc que tu y prêtes attention. Comment penser des plaisirs qui ne soient pas immédiats. Y-a-t-il des plaisirs du futur ? Ce ne serait alors que des promesses et qui pourrait les tenir ? Il ne s'agit pas de rechercher le plaisir, la tension de la recherche serait un déplaisir. Repérer dans l'instant le plaisir possible et en jouir avant qu'il ne fuit en utilisant les ruses pour le conquérir. L'humain est sensible, ce qu'il sait du monde il le connaît par les sens, pourquoi l'expérience qu'il en fait devrait-être désagréable ? Le savoir est-il dans le malheur ? Les hommes recherchent le bonheur et tentent d'éviter le malheur, mais ils ont oublié de le chercher là où il est.
- Où est-il ?
- Dans l'instant présent où je t'invite à goûter ces plats. Dans le baiser que tu donnes à ton aimée, dans l'étreinte amoureuse qui emplit le ventre des femmes, dans la douce chaleur d'un soir quand le vin apaise

l'esprit. Ces successions de jubilation sont le chemin du bonheur. La chair en est la seule instance.
- Le bonheur serait-il fait de plaisirs ?
- C'est en effet ce que je dis. Que serait un bonheur sans plaisirs ? Certains pensent qu'il se trouve dans l'Idée. Imagine que ce tu manges soit une idée d'un plat et non le plat lui-même ; en retirais-tu le même plaisir ? Nos sens disent ce qui est disponible pour notre bonheur, le reste est une invention de quelques rigides esprits qui en veulent à leur corps, qui veulent en extraire l'animalité et qui ne trouveront le bonheur que dans la négation de leur odeur d'humain.
- Veux-tu parler de Platon ?
- Oui je parle de lui mais sans m'y étendre ; évoquer ce personnage risquerait de gâter les jouissances gustatives de cet instant et il ne m'en privera pas.
- Tout n'est pas jouissance.
- Tout est jouissance de la mesure.
- De quelle mesure parles-tu ?
- Le vin que je bois avec toi me réjouit le palais, la mesure consiste à ce que ce vin, par trop grande quantité, ne me prive pas de son goût. La bonne distance entre moi et l'objet du plaisir est la liberté : je ne possède pas le vin et le vin ne me possède pas. Le plaisir est une pratique d'Homme libre. Observe la politique ici à Athènes, peu de citoyens trouvent la bonne distance entre les discours convaincants des rhéteurs et la réalité de ce qu'ils disent si bien que beaucoup d'entre eux s'enivrent des mots qu'ils entendent et deviennent les esclaves de ceux qui les prononcent. Cultiver la bonne distance entre soi et l'objet du plaisir est la pratique de la liberté. Tu es alors propriétaire de ton destin. Tu sauras voir les motifs du déplaisir et ainsi les écarter, tu sauras discerner les tentatives d'aliénation et ainsi t'y soustraire. On me reproche d'entrer dans les maisons de femmes pour y assouvir mes désirs. Ce qui est blâmable n'est pas d'entrer dans ces maisons mais de ne pas en sortir.
- Crois-tu que le plaisir du corps fasse la plaisir de l'âme ?

- Pourquoi fais-tu cette distinction ? J'ai l'esprit paisible après ce repas et ce vin. L'esprit procède du corps, ce que tu fais au corps tu le fais à l'esprit. Quant à l'âme, où réside-t-elle ? Je ne veux pas la négliger si j'en connais le lieu. Soyons à ce que nous sentons, dégustons les voluptés qui se présentent, rendons-nous disponibles à ce qui arrive, ne nous écartons pas du réel sensible au risque de nous perdre et apaisons ainsi les blessures de l'esprit.
- Quelles sont ces blessures ?
- Celles qui trouvent leur source dans un ascétisme sec, dans l'illusion d'un monde sans matière, dans la défiance d'un corps par trop animal, dans l'attachement aux choses. Ni brûler de plaisir ni s'en priver, ni rechercher la jubilation ni l'ignorer ; ni la débauche ni la privation. Cultiver une vue claire sur ce dont nous dépendons et défaire la dépendance pour accéder au plaisir voulu par nous et non par lui. Le bonheur est une construction faite de plaisirs ajoutés. Ainsi, nous sommes maîtres de nos vies ; nous ne maîtrisons pas ce qui nous arrive mais maîtrisons ce que nous faisons de ce qui nous arrive. Levons-nous si tu veux bien et restons-en là, j'ai encore beaucoup de plaisirs à connaître et un bonheur à construire. Ne salue pas Platon de ma part.

Diogène de Sinope (413 – 327)

Athènes est la ville du bonheur, je m'y sens comme à l'aube d'un nouveau monde. Je me dis qu'après Athènes le monde ne sera plus comme avant. Je vais y rester encore un temps pour entendre, apprendre, comprendre, je sens qu'ici je peux devenir un Homme. L'Agora est le rassemblement de pensées produites par la confrontation entre des sagesses, des convictions, des choses humaines. L'Agora fait le monde. Il est au centre de la terre. Quel est ce mendiant hirsute, puant, à peine vêtu d'un manteau tenu par la crasse ? Il porte à bout de bras une lanterne en plein jour et répète sans cesse : « je cherche un homme, je cherche un homme, je cherche un homme… »

- Est-ce un homme que tu cherches ? En voilà un, devant toi.
- Permets-moi de te toucher ?
- Que cherches-tu enfin, crois-tu que je ne sois pas un homme ?
- Non, loin de moi cette simple idée, je cherche l'Homme de Platon, un Homme éthéré, un Homme hors de ce monde qui soit le vrai.
- Il n'existe pas, ce n'est que folie de pouvoir imaginer un tel Homme.
- Platon est donc fou selon toi ?
- Platon ne prône que l'Homme idéal.
- Tu as raison Platon ne prône que lui-même.
- Puis-je t'accompagner dans ta quête, je tiendrais ta lanterne ?
- Cherchons l'Homme ensemble.
- Quel est ton nom ?
- Diogène.
- J'ai entendu parler de toi.
- En mal j'espère.
- Oui.
- J'ai donc bien fait. Tu sais sans doute ce qu'on me reproche : de montrer trop souvent mon sexe. Crois-tu qu'il soit raisonnable de

cacher un attribut plutôt qu'un autre ? Personne ne s'offusque de ma barbe qui est un attribut moins vertical mais tout aussi poilu.
- Pourquoi cherches-tu à troubler ?
- Le trouble n'est pas de mon fait mais celui des belles âmes. J'ai résolu de briser la fatuité des beaux esprits par l'exposition de la chair. La pratique philosophique est corporelle, elle passe par le corps et finit en lui. L'esprit se cultive dans le terreau des entrailles. Ma verge est un objet philosophique. Les convenances ne sont pas miennes, il n'est pas de philosophie qui soit convenable. Mon corps a faim, a soif, désire comme tous les corps : ce qui est inconvenant c'est de brimer la nature de ce corps.
- Que fais-tu de la morale ?
- Je la renvoie à la caverne pour qu'elle y meure. J'y ajoute les déclinaisons de l'ordre moral : le bien et le mal, le vice et la vertu, détails d'une petite pensée pour petites personnes. Il est salutaire de se défaire du regard des autres.
- Nous ne pouvons cependant pas ignorer les autres.
- Il s'agit d'ignorer leur regard et leur jugement, nous sommes ainsi maîtres de nos vies. Les conventions admises nous privent de l'expérience de la vie et ce sont ces convenances qui font le jugement et le regard des autres. Crois-tu que ces penseurs qui détiennent la bonne pensée détiennent également le bonheur ? Ils en sont dénués tant ils sont tendus par le respect de la convention, tant la privation les assèche, tant le corps qu'il porte est détesté.
- Que désignes-tu par bonne pensée ?
- Les lois sont des bonnes pensées, les pires de toutes, celles des uns qui soumettent les autres. Les croyances dans des olympes illusoires sont des bonnes pensées, coercitives, aliénantes poussant l'audace jusqu'à réglementer notre intimité. Regarde autour de toi comme ils aspirent aux richesses, aux honneurs, au pouvoir. Que crois-tu que sont les vices sinon cette course à la honte ? L'âme, occupée à des quêtes inutiles, flétrit ; l'esprit se rétracte et la pensée devient une convention. La bonne pensée est porteuse de malheur, je dis que l'humanité est dans l'erreur

quand elle s'écarte de la nature. Nos besoins sont de l'ordre naturel, pourquoi en créer d'autres sinon pour faire notre malheur ? Quoi de plus simple quand tu as soif de boire, quand tu as faim de manger. Que faut-il d'autre ?
- Nous ne pouvons vivre comme des animaux !
- Que animal suis-je ? Je ne possède rien sinon cette écuelle et ce bâton qui me paraissent superflus, ainsi, rien ne me possède. Si rien ne me possède, rien ne m'afflige, rien ne tourmente mon âme, rien ne chagrine mon cœur, rien n'affecte la joie de mon esprit. Tu as devant toi l'homme que je cherche, une chair pensante et libre. Animal dis-tu ? Je n'assouvis pas mes instincts mais arrange ma vie pour y trouver la jubilation douce qui fait de moi un homme nu et libre.
- Faut-il donc se dénuder pour être libre ?
- Il convient de se libérer de ce qui attache. Point besoin d'être nu si ce qui te vêt ne t'attache pas.
- Faut-il être maigre comme tu l'es pour être libre ?
- Mon corps est tel qu'il convient à ce que j'en fais. Souple, endurant, résistant il me donne l'énergie dont j'ai besoin pour chercher un Homme. Il n'est pas façonné par la privation mais la juste satisfaction de ses besoins. Mon ami, il convient d'éviter la confusion entre ascète et ascétisme. Je ne fais de l'ascèse qu'un instrument du plaisir mettant celui-ci à mon service. L'ascétisme serait un asservissement à l'ascèse, où serait le plaisir ? Il est un plaisir suprême : celui d'être. Il est à rechercher dans la légèreté, débarrassé de l'encombrement de ce qui fait l'inutilité de la vie commune. Suis-moi, je vais te montrer ma maison.
- Je ne peux croire que tu possèdes une maison après ce que je viens d'entendre.
- J'en occupe une sans toutefois la posséder.
- C'est une vieille jarre, comment peux-tu vivre dans un endroit si étroit ?
- Je n'y vis pas, j'y dors et cet espace est bien suffisant pour y recevoir mon corps.
- Quel plaisir peux-tu éprouver dans un tel dénuement ?

- Ce n'est pas le dénuement qui est un plaisir ou un déplaisir, c'est ce qu'il permet. Ainsi mon temps est entièrement consacré au bonheur et à railler ce qui l'empêche. Le monde n'est pas un concept obscur fait d'idées qui ne seraient pas de lui, il est matière mouvante où chair et poussière s'interpénètrent. Tout est donc en nous ; que vouloir de plus ? Que pourrions-nous trouver en dehors de la matière sinon une déception, un regret, une amertume et sûrement une duperie ? Je ne t'invite pas à te reposer dans ma demeure pour cette nuit mais je t'invite à poursuivre notre discussion avec un verre de vin que je te demande de m'offrir. A l'Agora, le soir, on y trouve les hommes que je recherche, des pêcheurs, des commerçants, des artisans, des musiciens : le spectacle des hommes de chair ; la vie. Allons entendre le bruit de l'Homme et mêlons-y nos chaleurs. Ne t'inquiète pas, je n'exposerai rien d'autre que mon bâton.

Epicure (341 – 270)

L'ombre des murs peut dissimuler des endroits éclairés. Il est un jardin au pied des murs d'Athènes réputé être un lieu d'enseignement de la sagesse. On y vit en communauté, femmes, hommes, enfants, vieux et jeunes On y soigne le malheur en apprenant à éradiquer toutes les souffrances. Epicure est le maître des lieux. Je brûle de rencontrer un tel être et le trouve étendu sur sa couche. L'homme semble chétif, ses yeux ne m'observent pas. Près de lui une cruche de vin et quelques miettes de pain, reliefs d'un repas frugale. Il pose sur moi un regard lassé.

- Que viens-tu chercher ici dans ce monde qui tombe ?
- Pourquoi dis-tu qu'il tombe ?
- Vois par toi-même l'idée grecque se délabre et disparaît. Tu viens de pénétrer dans un musée où, pour un temps encore, est préservé le privilège de penser. Quand les murs s'effondrent, il convient de nous construire.
- Que dis-tu là ?
- Je dis que ce qui meurt alentour provoque souffrance et désolation de l'âme et que souffrir soi-même ne serait qu'ajouter notre souffrance à la souffrance du monde. Une vie juste, une pensée juste nous délivrent des causes de la souffrance sinon comment assister à l'effondrement de notre monde avec justesse ? Sinon, comment ne pas être emporté par les ruines ? Nous devons survivre à ce chaos, sans en être affecté. Apprendre le bonheur et ses causes n'a jamais été aussi à propos. Si un monde disparaît, un autre Homme apparaît.
- Tout finit par disparaître, les empires comme les hommes.
- Mais soyons heureux avant de disparaître. Le bonheur réside dans la pensée libre sans que le corps ne l'entrave par la douleur. Si tu as faim, tu ne peux penser sans avoir au préalable calmé ta faim. Si tu as soif, tu ne peux méditer sans l'étancher. L'esprit, pour qu'il se déploie, ne peut être tendu par les douleurs du corps.

- Tu parles de besoins mais que dis-tu des désirs ?
- Si tu désires les honneurs par exemple, imagine vivre sans, cela provoquerait-il la douleur du manque comme celui du manque d'eau ?
- Je ne crois pas.
- Désirer les honneurs est donc inutile. De tels désirs sont des entraves à la liberté de la pensée, toute occupée qu'elle est à la possession de choses aussi vaines que l'honneur ou l'opulence. Il convient d'éviter l'agitation de l'esprit, trouver la paix de l'âme et ainsi installer les conditions du bonheur. Il suffit de bien connaître les désirs et leur mécanisme ainsi, tu n'en seras plus l'objet. Discerne les désirs du plaisir de ceux de l'attachement.
- Comment éviter les douleurs du corps qui troublent tout autant ?
- Si tu peux soulager les douleurs, fais-le, si tu ne peux, sois patient, les douleurs vives sont parfois courtes et cessent ; quant à celles qui durent, elles sont mortelles et cesseront donc.
- Tu conviens donc que les douleurs sont un empêchement à la sagesse.
- Quand elles sont violentes elles sont un obstacle aux désirs et aux plaisirs et c'est pourquoi il convient de ne pas ajouter à ces douleurs des désirs vains ; le trouble n'en est que plus grand. Le trouble de l'esprit affecte notre sensibilité, seule à même de rendre compte du monde. Si tu ne sens plus, tu n'es plus.
- Après la mort, sommes-nous encore ?
- Après la mort, les atomes qui constituent ton esprit et ton corps se désagrègent et s'agrègent autrement. La mort est l'absence de sensation, elle ne nous concerne pas, nous qui sommes sensations. Voilà à nouveau une cause de trouble, non pas la mort mais l'opinion que nous en avons. L'opinion perturbe la sensibilité et s'ajoute aux troubles. L'opinion n'est pas une expérience du monde, elle nous en sépare.
- Certains disent qu'à notre mort notre âme est conduite vers la félicité ou la damnation.
- Superstitions que tout cela. Comment et quand ont-ils pu observer de tels phénomènes ? L'âme est l'atome qui se meut dans le vide et donne forme à la matière ; ni damnation ni félicité de l'atome. Voilà bien une

opinion qui nous éloigne de la sagesse et du bonheur. Comment pourrions-nous vivre heureux dans l'attente d'une hypothétique migration des âmes vers un sort plus ou moins funeste ? Tout cela est l'invention des tyrans.
- N'es-tu pas le tyran de ton Jardin ?
- Y vois-tu une trace de tyrannie ? Ici les femmes sont les égales des hommes, ici point de hiérarchies ni d'autorité. Ici, chacun apprend à être libre et à trouver dans cette liberté le goût du moment présent. Ici la joie est reine et le plaisir son prince. Je sais ô combien le monde du dehors est en ruine comme la pensée qui l'y a conduit. Les affaires du monde affairent l'esprit, éloigne-toi autant que possible du tourment publique. Dehors ce ne sont que cris haineux, croyances folles, détestation de soi et des autres, ressentiment et amertume. Est-ce cela une vie bonne ? Est-cela qu'il faudrait préserver ? Je mourrai un verre de vin à la main pour qu'une dernière saveur m'emplisse avant qu'elle ne m'ignore. Il faut avoir le goût du malheur pour persister à organiser, légiférer, tyranniser, ordonner. Le bonheur est dans l'arrangement libre entre êtres libres et égaux. Le Jardin vivra tant que celles et ceux qui l'habitent auront trouvé en eux les voies du bonheur. Les hommes ne vivront ensemble que si chacun d'eux est en paix.
- Tu conseilles de trouver la paix en nous pour que le monde soit paisible.
- Je conseille cela en effet et je ne fais que constater l'état du monde quand la paix n'est pas au cœur des hommes. On ne peut compter sur des interventions célestes qui décrèteraient le bonheur. Vois comme les cieux sont vides de toute puissance. S'il est des dieux, ils sont bien inactifs, ils n'existeraient pas que le monde serait le même. Sans eux, il n'y a que nous, maître de notre destin. Aucune plainte verticale, aucune imploration ne peuvent se substituer à notre agir. Il convient donc de développer notre aptitude au bonheur pour faire un monde de paix. Cherche inlassablement les causes de ton propre malheur et mets-y fin ; cherche inlassablement les causes du bonheur et fais en sorte qu'elles durent. Le bonheur, la joie d'être, le plaisir font le monde. La haine de soi, le malheur, la souffrance défont le monde. En cela, nous sommes des dieux, en cela nous avons la puissance de faire ou défaire.

- …
- Ton écoute m'est précieuse. Reste quelques temps avec nous pour cultiver le bonheur. Tu pourras rejoindre l'autre monde pour y ajouter un peu de toi, un peu de joie. J'aurais plaisir à discuter avec toi une nouvelle fois mais comme tu vois, mon corps ne me laisse pas en paix ces temps-ci. Je vais donc te laisser pour tenter de soulager ces douleurs de l'âge avant qu'elles ne me troublent l'esprit au point d'en perdre toute sagesse. Si mes mots furent pour toi un baume, les tiens seront des onguents et je t'invite à les dire hors de ce Jardin, quand ton séjour parmi nous finira et que tu emporteras avec toi plus de justesse et plus de sagesse. Maintenant laisse-moi mais ne me délaisse pas !

Arcésilas de Pitane (315 – 242)

L'Académie connaît une forte affluence. Il semble qu'elle soit le seul lieu où l'on apprend à penser. Comment ne pas s'y arrêter pour y écouter le scolarque Arcésilas ? Les auditeurs sont nombreux. Arcésilas délivre son enseignement de très curieuse façon. Il répond aux questions sans chercher une cohérence dans les sujets abordés. Il réfute, complète, s'évade…

- Dis-nous Arcesilas que penser de la vérité ?
- Es-tu un dieu ?
- Non.
- Laisse la vérité aux dieux, ils n'en font aucun usage.
- La vérité n'est-elle pas accessible à l'Homme ?
- La vérité n'est pas humaine.
- Beaucoup de penseurs affirment la détenir.
- Sont-ils des dieux ?
- Non.
- Ils ne sont pas davantage penseurs.
- Selon toi, existe-t-il une vérité ?
- Non.
- Suis-je un homme ?
- Tu en as l'air.
- Est-ce une vérité que d'affirmer que je suis un homme ?
- C'est une réalité qui demande à être confirmée. La vérité appartient aux sots. L'évidence les aveugle. Ici nous enseignons la prudence et l'absence de jugement définitif. Or comme tous les jugements sont définitifs, nous nous abstenons de juger.
- A quoi sert la connaissance si celle-ci n'est pas vérité ?
- La connaissance est une description du réel ; c'est ce qu'elle devrait être. Tu sais que le réel change et que la description que les sciences en

font est incomplète. Nous ne pouvons parler que de vérité provisoire : la vérité provisoire est-elle une vérité ? Je réponds que non ! Si donc la connaissance n'est pas vérité quelle est-elle ? Un savoir tangible, éphémère et fluide qui nous enjoint à l'humilité et sollicite notre curiosité. L'erreur est de confondre savoir et jugement.

- Pourquoi est-ce une erreur ?
- Parce que le jugement est source de vérité, il fige la réalité et nie le temps qui corrompt toutes les choses et tous les êtres. Qui sommes-nous pour juger ? Êtres finis, nous tentons de compenser notre finitude par la création d'éternité. Êtres relatifs, nous voudrions créer un absolu. Êtres mouvants, nous tentons d'arrêter le déroulement des choses. Insatisfaits de ce que nous sommes et de notre monde, nous créons des mondes qui ne sont pas. Le jugement ne procède pas du monde.
- Comment agir sans jugement ?
- Veux-tu parler d'éthique ?
- Oui.
- Tu conviendras qu'il ne s'agit pas de la même réflexion.
- Sans doute.
- L'éthique interroge la façon dont nous habitons le monde, elle nous invite à penser l'action. Il ne s'agit pas de la connaissance du monde. Nous sommes des êtres moralement responsables et devons juger des situations pour déterminer notre action. Notre jugement en ce cas ne fait pas vérité puisqu'il est lié à la circonstance dont je t'ai dit qu'elle était en partie inconnue et en totalité éphémère. Ton action n'est pas motivée par la vérité de ton jugement mais par sa justesse.
- Qui juge de sa justesse ?
- Le réel.
- Que veux-tu dire ?
- Tu verras par toi-même si l'action que tu as entreprise fut juste ou pas. La réel est transformé par l'action, est-il plus juste après elle qu'avant ?
- Je le juge donc.

- Non tu es juge de l'action et de ses conséquences constatables. Tu n'en feras pas une vérité. Le jugement est le malheur, la vérité est la source du malheur. Ecarte-toi des évidences et suspend ton jugement. Ta compréhension du monde n'est qu'une représentation et affirmer une représentation c'est forger une opinion. L'opinion est une expression de l'ignorance. Je mets fin à cet enseignement pour aujourd'hui ; gardez-vous de la vérité !
- Peux-tu accorder un instant encore à cette question : le vrai et le faux ont-ils une existence ?
- Un être ignorant ne peut dire si les choses sont vraies ou fausses sauf à se montrer arrogant. Comment en effet faire de nos perceptions sensibles une vérité et comment pourraient-elles nous enseigner le faux ou le vrai ? Nous sommes impuissants à comprendre la vraie nature des choses parce que nous sommes des êtres limités. Tout ce que nous pouvons dire des choses est qu'elles sont à la mesure de ce que nous sentons d'elles.
- Cela nuit à notre quête du bonheur.
- Pourquoi ?
- Sachant nos limites quant à la compréhension des choses, comment atteindre le bonheur ?
- Avec nos limites, une caresse est une caresse, un baiser est un baiser, ils sont l'un et l'autre bienfaisants et cela suffit. Devrait-on se priver de la chaleur du soleil au prétexte que nous ne comprenons pas celle-ci ? Platon veut nous sortir de la caverne, je dis qu'il faut y rester et y trouver le bonheur ; grand est le malheur de la désillusion.
- Que veux-tu dire ?
- Qu'il n'y a qu'un seul monde et que le bonheur n'est pas ailleurs qu'ici. Et quand bien même nous serions dans une caverne, ne cherchons pas d'autres lieux qui seraient prometteurs, nous perdrions les occasions de bonheur offertes par la caverne. Les promesses d'autres mondes sont une illusion qui conduit à la souffrance. Je vous ai parlé de justesse, elle n'est jamais autant nécessaire pour se défaire des illusions et des superstitions et ainsi éviter le malheur. Soyons attentifs à nos

perceptions rejetons celles qui ne contribueraient pas à notre bonheur. Refuser un bonheur immédiat au nom d'un hypothétique ailleurs est une faute de raisonnement et surtout un manque de justesse. Vous voyez qu'il ne s'agit pas d'être indifférent aux choses bien au contraire.
- Nous devrions donc nous contenter du peu que nous connaissons et y trouver le bonheur.
- Nous trouvons le bonheur dans le monde tel qu'il est, nous le trouvons dans sa compréhension quand elle est possible, il réside aussi dans notre impuissance à le comprendre en totalité. Ne pas comprendre l'origine du vent ne te prive pas de naviguer et ne te prive pas non plus de la recherche de l'origine. N'attends pas de connaître Eole pour parcourir les mers mais ne te contente pas d'Eole pour comprendre. Prends plaisir aux vents marins, laisse ton visage se rafraîchir aux embruns et sois heureux. Je vous quitte maintenant et vous attends demain sous d'autres vents.

Chrysippe (281 – 277)

Sous un portique, au loin, je devine une assemblée écoutant un enseignant. La curiosité m'invite à rejoindre ce groupe. Il se disperse à mon arrivée.

- Mon enseignement vient de s'achever, reviens demain.
- Puis-je vous parler un instant ? Je ne connais pas vos enseignements.
- Il suffit donc que tu reviennes demain.
- Demain peut-être ne serais-je plus là.
- Et bien reviens un autre jour.
- Pourquoi remettre à un autre jour puisque vous êtes devant moi ? Si je meurs demain ; il n'y aura pas un autre jour.
- De quoi veux-tu parler avec moi ?
- De votre enseignement.
- Il nous faudra plus qu'un moment et, ce moment, je n'en dispose pas.
- Accordez-moi le temps dont vous disposez.
- Tu parles bien. Dans mon enseignement, la parole est un des arts de la philosophie. En effet, dire n'est pas qu'un effet éolien du souffle, une sorte de tempête buccale mais bien une expression construite de la pensée. La pensée ne se suffit pas à elle-même, elle se poursuit dans les mots. Arranger les mots selon des règles grammaticales précises est un des arts que j'enseigne. Cet arrangement, aussi brillant soit-il, est incomplet, il convient que les mots aient une signification précise pour que la pensée soit dicible. Connais-tu le mot « dialectique » ?
- Non.
- C'est l'art éclairé de la discussion, grâce à lui, les pensées peuvent se confronter, s'opposer, s'accorder. Un monde sans parole serait indicible, il n'existerait donc pas ; aucun mot ne pourrait être prononcé pour en rendre compte. J'enseigne donc en premier lieu le bien penser et le bien parler ou, autrement dit, construire une pensée appuyée sur la raison et une parole appuyée sur la pensée. Sais-tu qu'une grande partie

des humains ne possède pas les mots pour désigner les choses qui les entourent. Comment élaborer une pensée sur les choses quand celles-ci ne peuvent être nommées ? Comment adopter une juste attitude quand les situations ne sont pas décrites ?
- Qu'appelles-tu une juste attitude ?
- Répondre avec justesse au réel qui nous interroge.
- Comment nous interroge-t-il ?
- Pas les situations qu'il nous fait. Notre sagesse est éprouvée et notre discernement est requis à chaque instant de notre vie.
- Que faut-il discerner ?
- Le réel, ce qui fait réellement les situations, ce qui est réellement notre vie. Si tu es malade par exemple, il conviendra, quand c'est possible, que tu connaisses ce qui fait cette maladie et ce qu'elle provoque en réalité.
- Que veux-tu dire ?
- Qu'il convient de connaître les causes de ta maladie et le trouble réel que tu subis qui n'est pas à confondre avec le jugement que tu portes sur ce trouble.
- Je ne comprends pas.
- Si un athlète est atteint d'une maladie bénigne peu de temps avant les jeux, il ne la jugera pas bénigne mais y conférera un sentiment de gravité sans réalité. Les soins prodigués peuvent être alors inadéquats.
- Tu as parlé des causes de la maladie.
- En effet, si tu connais les causes de ta maladie, tu sais si tu peux intervenir sur celles-ci ou non. Si tu peux, fais-le, si tu ne peux, accepte-le. Si, ni toi, ni le médecin ne connaissent les causes, vois ce que tu peux faire ou ne pas faire pour supporter la maladie. Certains événements dépendent de nous, d'autres non. C'est tout l'art du discernement de bien séparer les uns des autres.
- Veux-tu dire qu'il faut se soumettre aux circonstances extérieures ?
- Je te dis qu'il faut les accepter, les refuser ne les changerait pas, n'est-ce pas ?

- En effet.
- Vois l'usage que tu peux faire des circonstances qui surviennent.
- Devrais-je me soumettre à un tyran ?
- Qui parle de soumission ? Je te parle d'acceptation. Si tu acceptes le tyran, tu pourras le combattre si tu disposes de quelques armes pour le faire. Si tu n'acceptes pas le tyran, tu refuses la réalité de celui-ci et le règne du tyran prospèrera ; il est le réel mais n'a pas rejoint ta réalité. Le refus d'une réalité est source de confusion de l'esprit. Refuser ne change pas la réalité, accepter celle-ci est le commencement de son changement. Je peux te le dire autrement : accepte ou subis !
- Tu m'as dit de faire usage des circonstances mais si elles sont mauvaises, que faire ?
- Les circonstances ne sont ni mauvaises ni bonnes, c'est pour cette raison qu'elles sont utilisables. Si tu les juges, elles te commandent. Vois ce mur, est-il mauvais ou bon ?
- C'est indifférent.
- Si tu dois te rendre de l'autre côté de ce mur, est-il mauvais ou est-il bon ?
- Il est mauvais car il m'en empêche.
- Vois comment tu peux l'utiliser pour passer au-delà. Peux-tu le détruire ?
- Je n'ai pas l'instrument.
- Peux-tu l'escalader ?
- Il est trop haut et présente peu de prises.
- Que reste-t-il de possible ?
- Je ne sais pas.
- Ce mur est-il sans fin ?
- Non.
- Pourquoi ne pas le contourner ?
- Je me dérouterais de mon chemin.
- Quel est l'objet de ton chemin ?

- Aller au-delà du mur.
- N'y parviendras-tu pas en le contournant ?
- Si.
- Toute chose présente plusieurs possibles. Tu mourras comme moi, rien ne l'empêchera. Les possibles résident dans la façon dont tu mourras. Tu as un destin qui se dévoilera à chaque âge de ta vie. Il n'est rien qui puisse le changer puisque même le changement est ton destin. Ce que tu peux faire c'est vivre en accord avec lui. Le bonheur réside dans cet accord. Tu peux subir ton destin parce qu'il n'est pas satisfaisant, le discernement te conseille alors d'observer cette insatisfaction et d'en regarder la réalité. Si elle est issue de ton jugement elle n'a aucune valeur, si elle est issue d'un malheur bien réel, vois ce qu'il est possible d'accomplir et accomplis-le. Je te laisse méditer à l'ombre de ce portique. Si tu veux revenir demain ou un autre jour, évite de mourir.

Plotin (205 – 270)

Je laisse l'empire de la pensée à son déclin, orphelin des tous ces sages qui m'ont appris à vivre. Je porte mes pas vers Rome où, dit-on, l'Agora s'appelle Forum. Le projet d'une nouvelle ville faisait l'objet de quelques rumeurs : Platonopolis. Je voulais rencontrer celui dont on disait qu'il en serait l'administrateur, une certain Plotin.

- Quelle est cette ville qui porte le nom de Platon ?
- Une utopie, une idée sans lieu.
- Pourquoi le nom de Platon
- Pour poursuivre ses enseignements et celui des sages de la Grèce. Pour qu'ils ne se perdent pas.
- Penses-tu qu'ils se perdent ?
- Je le pense en effet et s'ils se perdent, l'humanité s'égare, oubliant l'origine des choses et oublieuse d'elle-même.
- Que pourrait-elle oublier ?
- La juste tension de l'âme ; ni trop près ni trop loin. L'attraction du monde sensible est puissante, en cela elle permet l'expérience des sens. Sa puissance peut toutefois être telle qu'elle emprisonne l'âme lui dissimulant son origine, l'unité dont elle procède.
- Parles-tu d'un dieu ?
- Non pas.
- Quelle est donc cette origine ?
- Une unité qui précède tout et qui suit tout. Tout ce qui émane du Un est multiple. Ce serait donc une erreur que cette multiplicité soit comprise exclusivement en tant que telle. Le regard qui sépare les choses entre elles et les êtres entre eux est incomplet. La multiplicité est la plus juste expression de l'unité. Pour comprendre la multiplicité il nous faut déployer l'intelligence mais elle s'avère inutile pour accéder à l'unité.
- Pourquoi évoquais-tu l'âme ?

- Elle est une parcelle du Un. Conçois que le Un est une intelligence parfaite et complète ; nous sommes animés de cette parcelle. Notre âme est cernée par notre corps, elle n'a qu'un désir, rejoindre son unité. Si, comme je le disais, elle est par trop attachée aux sens, elle se détache de son origine. Nous devons veiller et porter attention à cette partie du Tout en nous.
- Pourquoi donc une âme prisonnière de ce monde plutôt qu'une âme qui serait restée au Un ?
- Le monde est une nécessité divine, il ne pouvait être créé comme la perfection dont il est issu sinon il n'aurait pas existé. Il s'agit donc de nous parfaire et ainsi de le parfaire. Tu comprends que les différences entre nous sont illusoires et que les destins qui nous séparent le sont aussi puisque tout est animé du même principe et que notre destination est la même. Il faut donc élever notre savoir, embrasser la connaissance et l'illuminer à la lumière divine. L'Homme se perd en luttes inutiles contre l'Homme, il ne comprend pas que détruire c'est se détruire soi.
- Comment cela ?
- Détruire une représentation formelle du Tout, c'est une faute contre le Un, donc contre soi. L'homme que je suis et qui se tient devant toi est fondamentalement toi. Les différences sont une représentation de l'ignorance.
- Mais peu savent ce que tu enseignes, c'est ce qui fait la différence.
- Cela fait une différence entre le savoir et l'ignorance, ça ne fait aucune différence sur la divinité qui réside en chacun de nous. Pourquoi crois-tu qu'il n'y ait pas un seul être sur terre qui ne cherche pas à acquérir le bonheur et à éviter le malheur ? Trop souvent le bonheur des uns est le malheur des autres, ce n'est pas ainsi que nous rejoindrons l'unité perdue.
- L'unité n'est-elle pas de ce monde ?
- Elle est ce monde, elle est son expression. Pourquoi les empires finissent-ils par se défaire ?
- Je ne sais pas.

- Parce que l'unité qu'il recherche est illusoire. Le Un n'émerge pas du néant ou de la suppression de la multitude. Il est en nous de toute éternité, il convient donc de sublimer les formes, d'illuminer les corps, de cultiver les ardeurs de l'âme. L'histoire de l'humanité est constituée d'une succession d'échecs à retrouver le Un. Les chemins pris ne furent jamais ceux qui mènent à l'Unité.
- Quels sont les bons chemins ?
- Penser les choses pour ne plus y penser.
- Je ne comprends pas.
- Le monde sensible est accessible par tes sens et ta pensée. Quand tu disposes du savoir sur un phénomène, ta pensée est tranquille ; la tension de la connaissance a disparu. C'est dans cette tranquillité que tu trouveras le chemin qui mène au Un. Tes voyages, tes rencontres avec des sages sont une tension de la pensée et arrime ton âme à ton corps. Quand tu auras trouvé ce que tu cherches et que ta pensée en sera satisfaite, nulle tension ne t'agitera plus. Alors et seulement alors, dans ce paisible intérieur, sans plus besoin de concepts, tu trouveras ce qui te conduira vers la lumière d'où tu viens.
- Est-ce la mort ?
- Non, c'est la vie.
- Sans corps ?
- Avec un corps animé par une âme libre. La prison est ce corps, elle est utile pour la recherche de ton chemin et inutile dans l'extase. Ce qui disparaît n'est pas ton corps mais la prison.
- Faut-il renier les plaisirs ?
- Il convient de savoir que le plaisir n'est pas l'extase. Tu peux rechercher le plaisir et ainsi ne jamais connaître l'extase. Tu peux rechercher l'extase sans méconnaître les plaisirs.
- Je sais certains plaisirs, je ne sais ce qu'est l'extase. Est-elle réelle ? L'as-tu connu ?
- Non.
- Comment peux-tu parler de ce que tu ne connais pas ?

- Je t'ai parlé d'un chemin, je tente de te parler de la vie belle. Quel risque prendrais-tu à tenter de vivre une extase si cette tentative ne change en rien ta vie présente ? L'extase n'exige pas une renonciation. Etanche ta soif de connaissance comme tu le fais, calme ta pensée quand ta soif sera étanchée et vois. Si l'extase n'y est pas tu auras vécu la vie que tu souhaitais, si l'extase y est, tu vivras plus qu'une vie d'homme. La recherche de l'extase au détriment d'une vie heureuse est un échec. Tu ne rejoindras la lumière des origines qu'avec une âme satisfaite et un corps heureux. Prends cependant soin de ton âme, qu'elle s'élève par le savoir, qu'elle jubile par le plaisir mais qu'elle en soit libre. Mon ami, j'ai une cité à construire pour y éduquer les hommes perdus. Prends mes paroles avec toi et rappelle-toi d'où tu viens et vois sur le visage de ceux que tu rencontreras des sœurs et des frères nés de la même origine. L'âme de leurs yeux est sacrée comme la tienne. Abstiens-toi donc de nuisances, retiens les paroles malheureuses, contiens les gestes violents et tu laisseras après toi un monde plus parfait.

Julien l'Apostat (331 – 363)

Comment être à Rome et ne pas tenter de rencontrer l'empereur du monde ? On dit que, parfois, il déambule dans les rues de Rome sans être reconnu. Je ne sais où un tel homme peut bien résider et si on peut l'approcher facilement. Le bruit court qu'il préside une conférence sur les sectes dans un lieu proche d'ici. Je le vois en effet à quelques pas d'ici, assis près d'une grande table ronde entourée de quelques hommes qui semblent s'agiter dans une discussion vive. J'attendrai que cela se finisse et tenterai de lui parler. Il tourne son regard vers moi et me détaille. Sont-ce mes habits usés de marcheur, mon regard tendu par le désir de le rencontrer ? Il fait signe à un de ses gardes et me désigne. Voilà le miracle, le garde m'invite à m'assoir à la table de Julien.

- Quelle ardeur dans ton regard jeune plébéien ? Quelle curiosité t'a conduit jusqu'à moi ?
- Comment dois-je t'appeler pour ne pas te manquer d'égards ?
- Ne m'appelle pas et réponds à ma question.
- Je voulais rencontrer la pensée de l'homme le plus puissant du monde.
- Sache que certains Germains ne pensent définitivement pas que je sois l'homme le plus puissant du monde. Ils ont raison ; au-delà de leurs forêts, leur monde échappe à Rome. Et pourquoi parles-tu de ma pensée, comment sais-tu que celle-ci est digne de satisfaire ton intérêt ?
- Les Galiléens te nomment l'apostat, tu m'as semblé un homme bon pour être traité de cette manière par eux.
- Juste pensée jeune homme ! Cette religion est une menace pour Rome ; son intolérance, son arrogance, sa certitude doivent être contenues. J'ai promulgué des lois qui donnaient des droits à toutes les croyances et tous les cultes. Apprends qu'il faut craindre la confusion entre pouvoir temporelle et intemporelle, c'est la cause la plus certaine de la tyrannie.
- Pourquoi les Galiléens te poursuivent-ils de leurs insultes ?

- Sans doute parce que j'ai démontré la niaiserie d'une telle croyance. J'ai commis quelques écrits réunis sous le titre : « Contre les Galiléens » qui démontrent à la fois le peu de sérieux mais surtout la perversité de la croyance des Galiléens. Tu sais sûrement qu'ils croient qu'un Dieu tout puissant a créé l'ensemble du monde et tous les êtres qui l'habitent, nous y compris. Selon ce conte, Dieu créa le premier homme qu'il nomma Adam et la première femme nommée Eve.
- Je connais cette fable, elle se raconte partout.
- Comment un Dieu, dont on espère qu'il soit doué d'une raison au moins équivalente à la nôtre ; comment un tel Dieu a-t-il créé une femme dont il savait qu'elle allait causer la perte de l'homme et, à sa suite, celle de l'humanité ? S'il ne le savait pas, serait-il alors tout-puissant comme le prétendent les Galiléens ? Quant à ce serpent qui parle à la femme, quelle langue a-t-il bien pu utiliser ?
- Ironises-tu ?
- Je ne suis pas Socrate. C'est écrit dans leur livre tel que je te le dis et ils tiennent ces fables pour une vérité. Plus sot encore, leur dieu interdit à Adam et Eve d'accéder à la connaissance du bien et du mal. Comment habiter le monde sans discerner le bien du mal ? Comment pourraient-ils cultiver les vertus et combattre les vices ? A la réflexion, le serpent pourrait bien être le sage de l'histoire. Pour être devenus humains, le dieu des Galiléens chasse ses créatures. Un dieu dénué de raison et de discernement n'est pas un dieu, il est à l'image de l'homme le plus vulgaire, le plus pervers que la pensée grecque a combattu et combat toujours. Connais-tu le décalogue des Hébreux ?
- Je le connais en effet.
- Penses-tu qu'il fut dicté par un dieu ?
- Les Hébreux le pensent.
- Un dieu jaloux n'est pas un dieu.
- Que veux-tu dire ?
- Dans le Décalogue, le dieu des hébreux interdit d'adorer d'autres dieux que lui. Moïse parle des colères de Dieu. Qu'est une sagesse incapable de défaire la jalousie ? Une imposture ! Il demande aux humains de ne

pas tuer et invite aux massacres dans son livre. Les Galiléens sont à l'image de leur dieu, violents, intolérants, haineux, jaloux, colériques, exclusifs. Je ne connais pas de différences entre un chrétien et un barbare. Rome lutte contre les barbares devrais-je lutter contre les Galiléens ? Les croyances des Grecs et nos croyances encourageaient les vertus : tempérance, patience, connaissance, raison. Que dire d'une croyance qui combat la science et la raison ! Leur Jésus sait-il seulement ce qu'est le monde dont il a prétendu être le roi ? Les Galiléens, s'ils deviennent plus nombreux, créeront un âge obscur où la superstition aura remplacé la science, où la violence aura remplacé le discernement, où la bêtise aura remplacé la sagesse.
- Que comptes-tu faire contre cette secte ?
- J'en discute justement aujourd'hui, je ne compte rien faire de plus que ce que j'ai déjà fait pour les autres cultes.
- Qu'as-tu fait ?
- J'ai autorisé toutes les religions sans exception. Si j'avais été chrétien, je les aurais interdites toutes sauf la mienne.
- Tu es clément, nous avons vu la violence des Galiléens ; ils détruisent des temples, profanent des lieux de cultes, sabotent des constructions.
- Ma clémence est une réponse à leur *hubris* et à celle qu'ils attribuent à leur dieu. Si nous nous comportions comme eux, nous renierions nos savoirs et notre sagesse. Il est difficile de gouverner un empire qui abrite en son sein des cultes violents. Mais vois-tu j'essaie de contenir toutes les colères et les excès ; je suis en effet garant de l'unité de l'empire. Beaucoup de ces Galiléens sont des citoyens, ils devront donc apprendre à vivre avec les autres citoyens. Leur croyance ne leur confère ni avantage ni désavantage. Plus le pouvoir est grand, plus grande est la responsabilité.
- Mais tu combats les Galiléens n'est-ce pas ?
- Je combats leur croyance et leur oppose des idées, je n'utilise aucune force. Je sais qu'invoquer la raison n'influence d'aucune façon la superstition.

- Pourquoi tes croyances seraient-elles moins de la superstition que celles des Galiléens ?
- Parce qu'elles cherchent à rendre l'homme bon. C'est en cela que mes croyances sont inspirées par les dieux. Si elles me permettent d'être un homme juste, si elles encouragent l'homme à devenir plus humain comment douter de leur origine divine ?
- Juge-t-on un culte à l'aune des pratiques de ses adeptes ?
- Bien sûr, le dieu des Galiléens ressemble à leurs pratiques. Ce dieu ne peut avoir une existence sinon humaine et dans ce cas il n'est pas dieu. Un dieu qui engendre un fils par une femme est-il un dieu ? Hors l'ineptie de la croyance galiléenne, je crains d'avantage sa violence signe de sa faiblesse rationnelle. Je crains toujours l'abandon de la pensée chez les humains. Il y a une sorte de lâcheté à confier sa raison à un dieu, une sorte d'abandon de son humanité comme une insulte à l'Être Suprême. Je dois poursuivre mes entretiens et te laisse à tes recherches. Sois vigilant, les périodes à venir sont tentées par l'obscurantisme, n'y cède pas.

Augustin d'Hippone (354 – 383)

Devais-je fuir ces chrétiens ? Ils m'apparaissent dénués de sentiments, de compassion, de tolérance. Mes échanges avec certains d'entre eux rencontrés en chemin m'ont fait toujours douté de la bonté de leur foi. Les dialogues sont souvent crispés, je sens la fureur toute proche de la douceur de leurs mots. Veulent-ils venger leur dieu crucifié par Rome et les Hébreux ? Quelle est la sagesse de ce culte ? Un Chrétien me dit que mes questions pourront trouver leurs réponses auprès d'un sage nommé Augustin ; on le trouve près de Milan. A nouveau je prends la route, le cœur serré par l'inquiétude de ce que j'allais entendre.

- Peux-tu m'entretenir sur la sagesse de ton culte ?
- Il ne s'agit pas de sagesse mais de foi.
- Le but de la philosophie n'est-il pas la recherche de la sagesse ?
- Oui le but de la philosophie est la recherche, non elle n'est pas une quête de la sagesse mais du divin. Ma religion est une recherche du divin en cela elle est la véritable philosophie.
- La philosophie n'est-elle pas la recherche du bonheur ?
- Elle est la recherche du divin en nous, elle est un souci constant pour l'âme afin de la préserver de la faute.
- Se préserver de la faute n'est-il pas aussi se préserver de l'expérience et ainsi ne rien apprendre ?
- La faute n'apprend rien, elle est la promesse de la damnation. Notre âme est incarnée dans le lieu de tous les péchés : le corps.
- N'est-ce pas par le corps et les sens que nous pouvons ressentir le plaisir, n'est-ce pas par l'esprit que nous pouvons comprendre les choses du monde ?
- Les sens procèdent de l'âme. Il faut comprendre que l'âme utilise le corps pour être au monde ; le corps est donc son valet. Quand le maître est le corps, l'âme est tâchée par le péché. Ton bonheur est celui de ton

âme quand elle tend vers Dieu. Si elle y parvient elle t'invitera à un état bien plus enviable que le bonheur : la félicité. Dieu t'accordera peut-être ainsi sa grâce.
- Pourquoi dis-tu peut-être ?
- Nous ne saurons jamais pourquoi Dieu accorde sa grâce, ce n'est pas accessible à notre compréhension quand bien même nous penserions la mériter.
- Dieu est donc incompréhensible.
- Dieu ne se comprend pas, il serait sinon un phénomène matériel et ce ne serait pas Dieu.
- Ne pouvons-nous pas appréhender Dieu par la raison ?
- Les humains, dans leur histoire, ont-ils ignoré Dieu ?
- Je ne connais aucun peuple qui ne pratique pas un culte.
- Il est donc raisonnable pour un Homme de croire en Dieu. Dieu n'est pas exclu de la raison, la foi n'est pas exclue de la vie humaine. La raison a donc toute sa place dans la foi.
- Comment l'invisible peut-il ne pas échapper à la raison ?
- Te souviens-tu de l'amour que t'a porté ta mère ?
- Oui.
- As-tu vu cet amour ? L'as-tu touché ? Le voyais-tu pénétrer ton cœur comme une flèche perce une cible ?
- Non.
- Pourtant l'amour que te portait ta mère n'échappe pas à ta raison bien qu'il fut invisible comme l'amour que Dieu te porte, comme Dieu lui-même. Tente de changer ton regard. Si tu crois en l'amour de ta mère, tu comprendras son amour. Si tu crois en Dieu, tu comprendras ce qu'Il est. La foi précède la raison ; sans foi, c'est la déraison.
- Et si Dieu était indifférent au monde, quel besoin aurions-nous de croire ?
- Dans cette hypothèse, le mal règnerait en maître. Si tu deviens bon c'est par la grâce de Dieu, si l'humanité devient bonne, c'est par elle encore. Avoir la foi c'est attirer la bonté divine sur soi et sur notre monde.

- Qu'est-ce que la foi sinon une disparition de la raison ?
- C'est une expérience intérieure qui ignore la raison en tant qu'expérience. Pour la comprendre, il convient de faire appel à la raison. Ton esprit n'est pas le lieu de la foi, tu la trouveras dans ton intimité, c'est là que tu trouveras l'invisible, c'est là que Dieu te trouvera.
- Pourquoi ai-je ressenti le bonheur dans ma vie sans la présence de Dieu ?
- Le bonheur que tu as ressenti est un signe de sa présence. Observe tes souvenirs et tu y trouveras ce qui fut à la source de tes bonheurs. Tu y trouveras l'origine du malheur. Ton âme sera alors pleinement consciente et tu pourras exercer ta volonté ; Dieu jugera de tes choix.
- Suis-je donc libre ?
- Tu l'es, ou tu agis conformément à l'ordre divin ou tu t'en écartes. Saches que l'inclination naturelle de l'Homme est de commettre le mal. En cela, il n'est pas libre mais prisonnier de cette pente. Agir en conformité avec la loi divine c'est se libérer de sa funeste geôle. J'insiste, cette pente vers la damnation tu la trouveras dans les désirs de la chair qui t'enchaîne à la matière lieu des vicissitudes de l'âme. La convoitise des corps détourne l'âme, avilit sa destination divine. Songe un instant à la honte du rapport amoureux avec une femme. Dans les ébats, le corps t'échappe et te réserve des sorts que tu n'as pas voulus. Le regard de Dieu s'éloigne de cette bestialité. Tu n'es plus présent à Lui. Tu te prépares des souffrances que ce peu de temps honteux aura causées. Que feras-tu de ce vide intérieur ?
- Les corps ne doivent-ils pas jouir ?
- Ils ne doivent jouir que de félicité, que de joie hautement divine. En ce sens, tu dois user de ton corps et de toutes les choses de ta vie pour jouir du chemin de Dieu. Jouir des choses au lieu d'en user est la faute, elles deviennent alors maîtresses et tu deviens esclave. Le monde a été fait par Dieu pour que tu en uses pour Lui. Le péché est le détournement par l'Homme des objets créés par Dieu à son seul usage.
- Qui me dit que je trouverai la béatitude après un tel renoncement ?

- Moi.
- Détiens-tu la vérité ?
- Je transmets la vérité, je ne la détiens pas. Ce que je te dis est la parole de Dieu telle qu'elle m'apparaît. J'ai fait l'expérience de la vérité, elle est nette, elle a la puissance de Dieu, elle est ineffable. Alors oui, il faut croire et chercher pour trouver. Dieu n'apparaît qu'au détour du chemin ; prends le chemin pour espérer le détour. Consacre ta vie à sauver ton âme et tu trouveras le bonheur ainsi.
- Est-ca là la seule vérité ?
- Une vérité est seule. Je ne pense pas qu'elle soit la seule ; elle est la seule. Il ne s'agit pas d'une construction mentale mais d'une expérience intérieure. Je suis avec toi pour t'enseigner cette expérience mais ne la ferai pas à ta place. Souviens-toi qu'au bout de l'expérience il y a la vie éternelle, dans le sein du Créateur. Il te jugera et la sanction sera définitive ; je te parle de félicité éternelle ou de damnation éternelle. Ton chemin ne finit pas à ta mort, mais ce que tu fais sur ce chemin t'engage pour l'éternité. Va et cherche en toi la résidence de Dieu.

Pélage (360 – 422)

Mes craintes n'étaient pas vaines. La tristesse accompagne mes pas. Je ne vois aucune perspective joyeuse dans la religion des chrétiens. Je me sens contraint par ce destin unique, par cette voie unique, par ce Dieu unique. Ai-je seulement appris à vivre à l'écoute de ce « sage »? Je sais maintenant la mort que j'ai dans l'âme. Ma curiosité est quelque peu émoussée par le désespoir qui m'envahit. Si j'y prête attention, il m'ôtera toute force pour rejoindre Rome. Existait-il une autre sagesse chrétienne ? Seule leur foi était-elle leur sagesse ? Jamais encore, après une rencontre avec un sage, la vie ne me paraissait aussi peu enjouée. La philosophie serait-elle un art triste ? Le bonheur grec me semble si loin maintenant. Il y a un prêcheur à Rome du nom de Pélage qui enseigne une autre voie. Il se dit persécuté par Augustin argument suffisant pour que je parte à sa découverte ; se peut-il… ?

- Peux-tu me dire ce qui t'oppose à Augustin ?
- Le *fatum*.
- Le destin ?
- C'est cela, rien ne m'oppose à Augustin, il s'oppose à lui-même.
- Que veux-tu dire ?
- Il dit que les Hommes disposent du libre-arbitre et il dit par ailleurs qu'ils sont pécheurs à leur naissance. Comment disposer du libre-arbitre alors que nous sommes condamnés avant même de l'exercer ? Si c'est un jeu il est truqué. Augustin est un pécheur qui, pour l'être moins, fait porter son péché à chaque homme. Qu'il sache qu'il n'en sera pas libéré pour autant.
- Pourquoi as-tu parlé de destin ?
- Un homme condamné à sa naissance n'a pas de destin. Son seul espoir est de lever la condamnation. Un espoir n'est pas un destin, c'est tout le contraire. Le destin suppose la liberté de pouvoir le forger. La faute

originelle impose le destin. C'est donc en contradiction avec le libre-arbitre.
- Augustin parle de l'héritage d'Adam.
- L'héritage est incontestable, c'est la lignée humaine mais la faute d'Adam en est exclue. Quand un enfant naît, il est dans l'état d'Adam : sans faute. Il fera dans sa vie des choix qui le conduiront à la faute ou non. Nous sommes des êtres à part entière, Dieu nous a créé libres et emplis de sa grâce. Nous ne sommes pas destinés à un funeste destin dont nous devrions être sauvés mais à conduire notre vie afin qu'elle soit bienheureuse.
- Penses-tu qu'il y ait un salut ?
- S'amender de la faute de notre ancêtre n'est pas un salut mais le paiement d'une dette que nous n'avons pas contractée. C'est toute l'erreur d'Augustin. Dieu est-il injuste ?
- Il dit que non.
- Ne serait-ce pas une injustice de condamner les enfants pour la faute des parents ? Imagine que ton Père commette un vol, devrais-tu pour autant être condamné pour ce vol ?
- Ce serait injuste.
- Dieu nous a voulu égaux, non pas devant la faute, mais devant la vie. Dieu nous a voulu libres du choix de mener une vie chrétienne ou non. Les Hommes vivent comme tu les vois vivre parce qu'ils l'ont décidé. Certains seront sauvés d'autres damnés ; Dieu dira le sort des uns et des autres. Le libre-arbitre de l'Homme est une expression de la toute-puissance de Dieu. Il invite chacun d'entre-nous à le rejoindre sans handicap à la naissance.
- Pourquoi baptise-t-on les bébés et les jeunes enfants ?
- Pour rappeler que la grâce de Dieu nous est donnée. C'est une erreur de croire que ce sacrement nous lave d'une faute et une insulte faite à la grande miséricorde de Dieu. Quel serait un Dieu qui condamnerait un innocent aux limbes ? Seuls les hommes sont capables d'une telle cruauté et Dieu n'est pas un homme. Nous sommes doués de la pensée et sommes maîtres de notre agir. Jour après jour nous sommes appelés à

une vie sainte parce que nous en sommes chacun capables et non parce que nous en aurions l'obligation. Vois-tu la différence entre un Homme libre et un Homme prédestiné ?
- Oui, je me souviens de l'enseignement de sagesse des Grecs.
- Ceux-là n'avaient pas la connaissance de Dieu, mais ils savaient qu'une vie est conduite selon un destin librement choisi.
- Pourquoi es-tu tant combattu par l'Eglise ?
- Parce qu'elle s'est construite sur une mauvaise compréhension de la volonté de Dieu. Il nous a créé à son image, capables de sainteté, enclins à la bonté, autonomes quant aux choix de nos devenirs. Dieu sait ce que chacun d'entre-nous fera et quelle voie il suivra malgré les épreuves.
- Comment expliques-tu le penchant naturel de l'Homme pour le péché si ce n'est par la faute d'Adam ?
- L'Homme n'a pas ce penchant naturel, il est libre de pencher vers le péché ou vers le bien. Seule sa force, sa volonté de plaire au Créateur et de mener une vie conforme à Ses lois sont à considérer. La justice divine ne rend son jugement que sur une vie accomplie librement. Si le libre-arbitre n'avait pas été laissé à l'Homme, comment le juger puisqu'il ne serait qu'un instrument dans les mains de Dieu ? Peut-on juger un instrument ?
- Il serait donc inutile de remettre sa vie entre les mains de Dieu, est-ce bien cela ?
- S'en remettre à Dieu ne veut pas dire donner son pouvoir d'Homme à Dieu. S'en remettre à Dieu c'est penser et forger son destin pour la grâce de Dieu. Sinon, nous nous priverions de la liberté que Dieu nous a octroyée, là est la vraie faute.
- Penses-tu que ta religion soit la vraie philosophie ?
- Je le pense en effet. Elle est la seule vraie et chacun doit la trouver dans les commandements de Dieu, dans une vie sainte. C'est une philosophie qu'il faut chercher en cherchant Dieu. Elle est très ancienne ; avant la venue de notre Seigneur, des hommes de bien vivaient et mouraient dans cette philosophie.

- Penses-tu qu'Adam fut immortel avant la faute ?
- Adam, comme tous les humains, fut créé mortel. Pourquoi le premier homme aurait été différent ? La mort est la loi naturelle créée par Dieu et Il n'a pas voulu d'exception. Il nous promet l'éternité auprès de Lui après cette vie, pourquoi Adam en aurait-il été privée ? Laissons ces histoires à ceux qui s'égarent sur la réelle bonté de Dieu. Il existe chez les humains qui se prétendent savants une fâcheuse tendance à vouloir que le malheur de leur vie fasse le malheur de la vie des autres. Ils créent alors des vérités qu'ils veulent imposer ; ce ne sont que leur vérité. Dieu n'a pas voulu cela mais ne s'y opposera pas : c'est l'exercice du libre-arbitre. Je te livre mes pensées sachant qu'elles vont me valoir des accusations de toutes sortes, des condamnations qui pourraient m'exclure de l'Eglise. Je sais cela mais je sais aussi que je vis en Dieu et que si l'Eglise me condamne, Dieu me jugera. Le jugement des hommes, s'il me peine parfois, n'est rien quant à ma volonté à vivre en conformité avec l'appel de Dieu. Je puis peut-être t'enseigner cela : exerce ton libre-arbitre selon la volonté de Dieu, vis en être autonome selon la volonté de Dieu et ne crains pas le jugement des hommes. Dieu t'a créé libre, je te charge d'en témoigner.

Boèce (480 - 524)

Des hordes de vagues sauvages envahissent Rome ; mon monde s'effondre. J'ai encore en mémoire les rues marchandes, les places tranquilles... La civilisation se dissout. Qu'ils furent doux ces temps qui s'éteignent. Pourquoi tant d'ardeur du sort à défaire une si belle aventure humaine. J'ai l'impression qu'on étouffe les voix qui m'ont tant appris. Ma mémoire ne suffira pas à préserver toute cette sagesse de la barbarie. Les roitelets s'installent dans la ville du monde. Les hurlements se sont substitués aux débats, les cris aux mots. Mon corps et mon esprit, comme Rome, se vident de tout l'orgueil d'avoir pensé que les temps seraient éternels. Le roi est goth. Des fumées s'élèvent dans la ville, les ruines s'amoncellent ; tant de temps pour construire, si peu pour détruire. Je n'irai pas plus loin. Ma vie s'arrête avec Rome.

- Pourquoi tant d'affliction mon garçon ?
- Je n'ai plus rien.
- Qu'as-tu eu ?
- Un monde paisible, un monde où les sages se côtoyaient, un monde où la pensée se propageait, un monde curieux du monde, un monde fait pour l'Homme. Regarde cette sauvagerie nouvelle qui s'installe, vois la brutalité régner ; où s'est enfuie notre humanité ?
- Nulle part, elle a changé de forme. Pensais-tu que les choses ne changeraient jamais ?
- Non je croyais qu'elles évoluaient vers un mieux.
- Mieux ou moins bien sont des jugements, ils n'ont pas de valeur face à l'histoire des hommes. Tu juges au regard de ce que tu crois avoir perdu. Ce que tu possédais, les choses de l'esprit me dis-tu, revêtait une valeur coutumière. Maintenant que tu crois ne plus les posséder, la douleur t'accable. Tes rencontres, les enseignements que tu as reçus, tes propres observations ne t'ont-ils pas appris que la fortune, la bonne comme la mauvaise, a une fin ?

- Je ne pensais pas à une fin comme celle-là
- Une fin est une fin. Ton chagrin m'étonne, tu n'es pas né ces derniers jours. Tu sais ou tu devrais savoir ce qu'il en est. Qu'as-tu perdu en réalité ? L'illusion de la durée ? Tu as gardé en toi le souvenir de ces personnes avec lesquelles tu as dialogué. Tu as appris à te connaître quoiqu'à cet instant j'en doute.
- Que ne saurais-je pas ?
- Le flux de la fortune comme le reflux de la perte de celle-ci troublent ton esprit. Ce que tu sais et que tu supportes, c'est ton trouble. Ce que tu ne sais pas c'est l'absence de trouble. Si la peur te sidère, si la joie t'attire, si l'espérance te guide comment peux-tu te connaître et connaître ce qui t'entoure ? Le bonheur que tu éprouvais t'a rendu délicat. La petite misère t'atteint davantage que le petit bonheur. N'as-tu pas appris l'égalité d'âme ? Comment as-tu pu penser que ton bonheur serait durable alors qu'il était bâti sur des choses périssables ? Tu ne trouveras pas le bonheur auprès d'un bien qu'on peut te ravir. Penses-tu avoir détenu des biens précieux parce qu'ils l'étaient vraiment ou parce que tu les jugeais comme tel ? Si tu sais répondre à cette question tu sauras ce qu'il y a de plus précieux en réalité et que tu as toujours.
- Qu'ai-je encore ?
- Toutes les paroles entendues lors des rencontres que tu as faites, toutes les pensées dont tu t'es imprégné, tous les conseils qui auraient du t'aider à vivre. N'as-tu pas appris à être au monde ?
- Si.
- Alors pourquoi ne pratiques-tu pas ce que tu as appris ?
- Je ne sais.
- Voyons ce qui te trouble le plus à cet instant ; le regret ?
- Oui, le regret d'un monde dans lequel je me sentais chez moi.
- Tu as donc définitivement perdu une chose que tu regrettes, pourrais-tu la nommer ?
- La tranquillité de l'esprit. Je marchais, curieux des découvertes que j'allais faire, en paix avec le monde, sans troubles avec la sûreté de

trouver de nouvelles nourritures pour mon esprit. Dans ce chaos, la peur m'envahit, je ne comprends plus ce monde qui vient de naître, je crains de ne plus pouvoir marcher en paix, je crains que mon esprit meurt faute de pouvoir le nourrir.
- Tu regrettes le bonheur et crains de ne plus l'obtenir. Si ton cœur désire encore c'est que tu n'as su profiter des enseignements que tu as reçus ou qu'ils furent incomplets. As-tu pensé à te suffire à toi-même ? Puisque toutes les choses sont périssables, ce serait folie d'en faire dépendre son bonheur. La félicité est plus grande que le bonheur et elle ne dépend que de toi.
- Qu'est-ce que la félicité ?
- Remettre son bonheur dans les mains d'un être impérissable.
- Quel est cet être ?
- Dieu. Il est perfection, de tous les temps, bonté suprême. En Lui tu trouveras la béatitude, impérissable puisqu'elle se suffit à elle-même. Toi qui a cherché et cherchera encore à accomplir le bien, tu trouveras le bien suprême dans la félicité. Si tu veux t'élever pour atteindre la félicité, commence par lever les yeux vers le ciel et vois la bonté infinie du Créateur et de sa création. Contemple l'harmonie des astres, la parfaite union entre le jour et la nuit, le mariage fécond entre le chaud et froid, entre l'eau et la terre. Une telle création fait l'objet d'un soin d'une infinie bonté. Dieu maintient la perfection de ce monde pour que nous y soyons parfaits. C'est l'amour du bien qu'Il nous montre ainsi. C'est l'amour qui permet aux choses d'exister en harmonie. Tu vois donc que tout est bien ainsi, tout est à sa divine place. Ton sort n'est donc pas funeste, il est à sa place, juste, ordonné par l'amour de Dieu. Nul ne peut se plaindre de ce que Dieu, dans sa grande bonté, a voulu par amour. Tu peux tirer avantage de ta situation et l'utiliser pour combattre ce qui trouble ton âme et redresser tes défauts. Maintenant que ton monde s'est détaché de toi, tu as l'âme plus légère, ton esprit est plus libre et tu peux donc chercher le chemin de la vertu qui t'amènera à Dieu et y trouver la félicité. Elève-toi au dessus du monde sensible, allège encore ton corps des plaisirs éphémères, recherche cette lumière divine, source de toutes les sources. Tu y trouveras la science suprême,

tu accéderas au futur qui est inscrit en Dieu de toute éternité. Ton corps te rappelle sans cesse où est ta tête : au-dessus ; proche du ciel, comme une invitation de ton Créateur à venir vers Lui. Il t'enseignera ce qu'aucun humain ne pourra faire avec la même perfection. Ainsi, libéré de l'inconstance des mouvements du monde, allégé de tes fautes, heureux de ton sort, tu pourras reprendre ta marche. L'horizon n'est plus ta destination, tout est vertical. Tu n'auras plus à te plaindre de ton sort, tu y seras indifférent.
- Tu m'invites donc à quitter l'humanité.
- Je t'invite à quitter la vulgarité, la lourdeur des vices, la boue des fautes, la fange des honneurs et de la richesse. Si c'est ce que tu appelles l'humanité, alors je t'invite à la quitter. En vérité, je t'invite à la félicité, à un bonheur qui ne dépend que de toi. Je ne te retrouverai plus d'humeur sombre, englouti par le malheur du monde, dépendant des regrets d'un bonheur disparu qui n'en était pas un. Marche paisiblement maintenant et dis à ce que tu rencontreras ce que tu as appris de Boèce.

Denys l'Aréopagite (fin du Vè s.)

Je n'ai trouvé aucune lumière, aucun chemin pour me mener à Dieu. Les choses me semblent aller d'elles-mêmes sans qu'aucune intervention divine ne vienne les modifier. Les matérialistes grecs avaient raison, la matière est autonome, ses forces font la vie ; destruction, création. Il s'agit d'un arrangement entre frottement et harmonie, entre conflit et accord. Comment alors y trouver le bonheur ? Chassé par les sauvageries barbares, condamné à la verticalité transcendante, convié au refus de la sensibilité, je suis en réalité lassé. Pourquoi renier un monde bien réel, pour en gagner un autre qui me semble illusoire ?

- Je t'observe depuis quelque temps et considère ton regard qui semble perdu. Serais-tu perdu ?
- Je ne le suis pas, je m'interroge sur cette croyance au ciel, cette foi en Dieu qui semble se propager dans notre monde.
- Douterais-tu de l'existence de Dieu ?
- Y a-t-il un danger à te répondre ?
- Ailleurs qu'ici certainement, avec moi tu ne crains rien.
- Si Dieu existe, que peux-tu m'en dire ?
- Rien.
- Comment pourrais-je ne pas douter si tu ne dis rien ?
- Dieu existe mais je ne peux dire ce qu'il est.
- Pourquoi ?
- Je n'ai pas les mots. Dieu n'est pas dicible. Nous sommes des êtres finis, incomplets, corruptibles comment pourrions-nous définir ce qui n'est pas nous ? Ce serait une arrogance de prétendre décrire ce qui n'est pas humain avec nos cerveaux qui le sont trop.
- Il s'agirait donc de croire sans pouvoir dire ce à quoi l'on croit.

- Il s'agit bien de cela. Ce serait manifester un orgueil vain de prétendre expliquer ce qu'est Dieu. Nous pouvons seulement dire ce qu'Il n'est pas, ce serait une attitude plus humble et plus juste.
- Nous savons toutefois que Dieu est en colère, qu'Il est jaloux, qu'Il se repose ; qu'Il possède donc, selon les saintes écritures, des caractéristiques très proches des nôtres.
- Tu fais une confusion entre le langage symbolique et la réalité de Dieu. Je te l'ai dit, Dieu n'est pas dicible, il faut pourtant que Sa vérité nous atteigne, elle ne le peut qu'avec les mots qui nous sont accessibles. Ainsi, tu peux te représenter Dieu, mais ce n'est qu'une représentation.
- Dieu a eu un fils.
- Non, Dieu a envoyé Son Fils. Le mot « fils » ici est l'exemple de ce que je viens d'exposer : il est de l'ordre symbolique, il nous permet une représentation qui calme nos spéculations. Il ne décrit en rien une réalité, elle est en effet indescriptible.
- Nombreux hommes d'église qui m'ont parlé de Dieu, ont développé des théories sur son existence et sa manifestation.
- Oui, il convient également de calmer la raison, faute antique des Grecs qui en faisait le fondement de la pensée. L'esprit raisonnant ne se satisfait pas d'une transcendance sans explication. Les exégètes se rassurent et nous rassurent : Dieu peut être approché par la compréhension. Si la spéculation est souhaitable pour ce que je viens de te dire, elle n'est qu'une réflexion humaine et d'aucune façon elle ne peut rendre compte de Dieu.
- Dieu nous est donc étranger.
- Non, Dieu nous est intime et une intimité n'a pas de mots. Si la connaissance des hommes se dit et s'écrit, la connaissance de Dieu est silencieuse.
- Pourtant je n'entends parler que de Lui, sa loi s'impose à la terre, les prêcheurs et prédicateurs n'ont parfois pas assez de souffle pour dire Dieu.
- Oui, pour les raisons que je t'ai indiquées, utiliser les symboles, manier les concepts afin que Dieu descende dans nos esprits. Il y a encore du

chemin de l'esprit au cœur et il se parcourt dans l'absence du dire. Nous touchons là à la révélation. Elle s'impose d'elle-même dans le silence des mots et l'obscurité de l'incompréhension. Nous ne pouvons nous priver de l'esprit pour avoir connaissance de Dieu, nous devons nous priver de l'esprit pour en faire l'expérience. Abandonner le bruit de la réflexion et s'abandonner à Dieu ; la foi est un abandon.
- Dieu nous aurait donc créé pour parler mais nous enjoint de garder le silence, il nous aurait créé pour penser mais nous commande d'abandonner la raison. Quel sens cela a-t-il ?
- Le sens est le chemin.
- Je ne te comprends pas.
- Tu vois que tu as besoin de comprendre. Nous nous sommes éloignés de Dieu et Il veut que nous revenions à Lui et ainsi nous sauver de nos égarements. Ce retour est la voie vers le Créateur pour y retrouver la source de notre monde. Je t'ai parlé d'abandon, il convient en effet de nous défaire de nos fausses croyances ; le monde tel que tu le vois est une illusion trompeuse faite d'apparences et de phénomènes qui occupent notre esprit et nous distraient de notre aspiration divine. La réalité sollicite ton entendement, la divinité requiert ton renoncement. Nous sommes trop humains te disais-je au début de notre rencontre et cette humanité est l'obstacle à la divinité ; les passions, les émotions, les plaisirs, les réflexions, les désirs sont les murs qu'il te faudra franchir pour trouver la révélation divine. L'incarnation n'est pas notre véritable nature et elle nous trompe en se fardant d'une réalité fallacieuse. Ne sois plus homme et tu sauras Dieu.
- Le bonheur n'est-il pas de ce monde ?
- Le bonheur est sur le chemin qui t'éloigne du monde. Où vois-tu qu'il puisse y avoir du bonheur ici-bas ? Je ne vois pour ma part que lucre et stupre, immondices de la chair où nul bonheur ne peut résider. Le chemin vers Dieu ne se trouve pas dans les fanges humaines bien qu'il en soit parfois issu.
- Tu demandes donc de renier la nature que Dieu m'a donnée.

- Dieu demande de dépasser cette nature corruptible. C'est le chemin de la rédemption, la voie de la purification, l'accès à la sainteté. Ton corps peccamineux n'est pas plus vivant qu'un animal. Dieu n'a pas voulu de cette vie pour l'homme. Il t'invite donc à t'en libérer.
- La mort m'en libérera.
- Si tu ne connais pas la révélation de ton vivant, tu risques fort de ne jamais la connaître. Se détacher vers Dieu n'est pas un malheur mais bien un bonheur absolu. Dégager de la gangue matérielle qui emprisonne ton âme, libre de tes sens, insouciant de l'intelligible, tu trouveras le bonheur ici-bas éclairé par l'au-delà.
- Sans Dieu point de bonheur.
- Sans Dieu, point de révélation, point de salut, point de bonheur. Je t'invite instamment à te convertir, à venir rejoindre ceux auxquels notre Seigneur a remis les péchés, je t'invite au silence et à l'obscurité pour tendre ton être vers Celui qui l'a créé. Ne cherche pas l'endroit de ton bonheur, il est là où est Dieu.

Anselme de Cantorbéry (1033 – 1109)

Rien ni personne jusqu'ici ne m'a apporté la preuve de l'existence de Dieu. Je pensais que pour se priver de cette vie terrestre dans l'espoir d'une extase et d'un salut, il fallait qu'il y ait raisonnablement une preuve. Ce serait en effet parfaitement insensé de vouloir mourir à la vie sans promesse assurée. Il convient d'avoir la certitude que la promesse sera tenue. L'existence de Dieu pouvait-elle être démontrée ? Un moine assure que oui et qu'il suffit de la raison pour en faire la démonstration.

- On prétend que tu détiens la preuve de l'existence de Dieu.
- Je ne la détiens nullement, elle procède de la raison, tout le monde la détient donc.
- Peux-tu m'en parler ?
- As-tu la foi ?
- Je ne sais pas.
- Comment parler de l'existence de Dieu à quelqu'un qui n'a pas la foi ? Tu n'as pas fait les choses dans le bon ordre.
- Quel est cet ordre que tu dis bon ?
- Tu disposes de deux voies pour accéder à la connaissance : la foi et la raison et je le dis dans cet ordre à dessein. Si tu crois par la foi, tu sauras pourquoi tu crois par la raison ; tu ne peux comprendre les mystères de la foi que si tu la possèdes. Comment pourrais-tu connaître une chose dont tu ne fais pas l'expérience ? Imagine que tu te brûles, tu ne pourras rendre intelligible cette expérience qu'après l'avoir vécue. Il en va de même pour la foi. Il faut donc croire avant de savoir. C'est pourquoi je t'ai posé la question sur ta foi.
- Comprendrais-je Dieu ?
- Tu en comprendras la nécessité.
- Je ne cherche nullement une démonstration portant sur la nécessité de Dieu.

- Que cherches-tu alors ?
- La preuve de l'existence de Dieu.
- Si tu n'as pas la foi, il me sera difficile de te prouver l'existence de Dieu ; comme je te l'ai indiqué, toute connaissance est d'abord un acte de foi ; mais je poursuis malgré ton doute. Imagine que tu aies foi en Dieu, existe-t-il ?
- Certainement, puisque je crois qu'il existe.
- Serais-tu d'accord avec moi pour dire qu'il existe dans ta pensée ?
- Oui.
- Dieu a donc une existence dans ta pensée.
- Oui mais je peux imaginer tout aussi bien un tas de pièces d'or sans qu'il n'ait aucune existence.
- Il s'agit de l'être le plus grand qui puisse exister et non d'un tas de pièces d'or. Si donc tu as conçu l'être le plus grand possible serait-il aussi grand s'il existait dans la réalité ?
- Il serait alors bien plus grand.
- Il existe donc réellement puisque Dieu est l'être le plus grand qui soit. Pour qu'Il soit plus grand que celui que tu conçois il faut qu'Il existe. C'est cela la nécessité dont je te parlais.
- J'entends bien l'argument, s'il est satisfaisant pour la pensée, il n'aide pas à la preuve.
- Tu ne peux penser à Dieu sans nécessairement qu'il existe. C'est donc qu'il existe.
- L'existence de Dieu est issue d'une déduction. J'attendais une démonstration, une preuve tangible constatable.
- Dieu existe sans que nos sens ne le perçoivent, c'est bien pour cela que la seule preuve de son existence est celle donnée par la foi et la raison que je viens de te livrer. Dieu est l'être qui ne peut pas ne pas exister. Tout procède donc de Lui. Si tu as rencontré Augustin, il t'a sûrement dit que tu trouveras Dieu en toi puisque tu en es issu. Ainsi équipé de cette foi tu sauras par la raison découvrir l'existence de Dieu. Ne

cherche donc plus à expliquer pourquoi Dieu est ; sois certain que Dieu est. Tu as trouvé Dieu, va et parle de Lui avec ce qu'il a mis en toi.
- Je voudrais mieux comprendre ton discours. Pourquoi parles-tu de grandeur ?
- Je parle de la grandeur de Dieu pour parler de sa grande miséricorde, de sa grande bonté. Rien n'est plus grand que Dieu et que sa Nature.
- Je comprends mais tu ne m'as pas ôté le doute.
- Il ne s'agit pas de douter quand j'affirme que Dieu est nécessité. Doutes-tu de la pluie ?
- Non mais je vois la pluie, je la sens, je suis capable de dire ce qu'elle est.
- Pourquoi les nécessités, toutes les nécessités seraient-elles accessibles à nos sens ? N'est-ce pas suffisant que la nécessité de Dieu soit accessible par la foi à notre raison ? Crois-tu que tu as une pensée ?
- Je le crois.
- L'as-tu déjà vu ?
- Non, mais je la sens, je la dis, elle prend forme dans les mots.
- Dieu est une pensée si cela peut t'aider. Tu peux Le sentir et si tu choisis le chemin de l'extase, tu entendras ses mots. Là encore, il faut affirmer la foi et la raison rendra intelligible celle-ci. Si tu ne postules pas Dieu, Dieu existe sans toi, tu n'auras alors aucune possibilité de faire l'expérience divine.
- L'idée d'une existence est-elle une preuve de la réalité de cette existence ? N'est-ce pas finalement qu'une démonstration dialectique, séduisante dans sa performance, mais peu opérante dans la réalité ?
- Je te l'ai dit, seule la raison peut donner de l'intelligibilité à la foi. Cette démonstration fait donc appel à la raison. Mais peux-tu seulement comprendre toi qui manque de foi ? La preuve de l'existence de Dieu est faite pour ceux qui ont la foi. Il convient de faire le chemin vers la foi, tu comprendras alors. Imagine que tu vives dans un pays sans pluie. Si, malgré les apparences, tu crois que la pluie existe, il te sera facile de comprendre la démonstration de son existence théorique et, qui sait, un jour, en allant vers la pluie comme tu vas vers Dieu, tu la trouveras.

- Donc je ne trouverai Dieu qu'en le cherchant ?
- La quête de Dieu est le chemin qui te conduira à la preuve de son existence. L'erreur est de chercher ce qu'est Dieu. Je te conseille, comme d'autres ont du le faire avant moi, d'être attentif à ton âme, il y un peu de Dieu en elle. Tu vois finalement que Dieu est en toi et que le chemin à parcourir semble court. La foi est donc proche de toi et, une fois acquise, la compréhension sera aisée. Le voyage qui te mènera à Dieu est sans fin, tu penseras L'avoir trouvé alors que tu t'en éloignes et tu croiras en être éloigné alors qu'Il sera proche. Sens ce que te dis ton âme, libère-toi des distractions du corps et de l'esprit afin qu'ils fassent silence, et le murmure de Dieu deviendra audible. Trouve un endroit isolé du monde, et fais taire les choses pour que l'Être apparaisse.

Roger Bacon (1210 – 1292)

Dieu ne pouvait apparaître à la raison qu'à travers des arguties qui ne Le grandissent pas. Tous ces saints hommes m'ont donné la preuve manifeste de leur déraison. J'ai encore en mémoire les doctes enseignements de mes maîtres grecs, l'indifférence aux illusions de Platon et leur recherche d'un bonheur dans une chair présente. Il me semble qu'il y a une sorte de perversité mortifère à nier la matière et particulièrement le corps pour trouver une extase dont personne n'a rien su me dire. Dans ce monde obscurci par la superstition faite loi, existe-t-il un homme. A la suite de Diogène, je déambule à la recherche d'un homme. Je franchis à nouveau la mer pour me diriger vers le nord. J'arrive dans une ville anglaise à la recherche du « Docteur admirable ». Je le trouve dans une petite pièce sombre, courbé sur sa table de travail.

- Puis-je prendre un peu de ton temps ?
- Qui es-tu ?
- Un homme qui cherche.
- Je les préfère aux hommes qui trouvent.
- Pourquoi t'appelle-t-on le « Docteur admirable » ?
- Tu jugeras toi-même si je suis admirable mais je suis sans nul doute docteur. Que veux-tu savoir que je saurais ?
- La vérité est-elle dans les livres ?
- Dans les livres de notre époque tu ne trouveras que spéculation, vérité illusoire ; tu ne trouveras aucune science. Sais-tu que notre calendrier dit « julien » n'est pas conforme à la réalité astronomique ? Avons-nous changé de calendrier pour autant ?
- Non, en effet. Comment sais-tu que le calendrier julien est erroné ?
- Il suffit d'observer les mouvements du ciel et des astres. Penser un mouvement n'est pas le décrire, croire dans un mouvement n'est pas le constater. Les livres ne sont pas écrits par des scientifiques mais par des

prélats qui décrivent des phénomènes à l'aune de leur foi et non d'après une observation méticuleuse des choses. Quand bien même ces hommes seraient frappés d'illumination divine, ils devraient soumettre leurs intuitions à l'expérience, non pas que Dieu se soit trompé mais que l'interprétation humaine soit erronée.
- Tu crois donc que la science vient de Dieu.
- Oui, mais ce n'est pas l'important. Ce serait une faute envers Dieu que de ne pas chercher la vérité scientifique qu'Il a révélé. Chercher c'est expérimenter.
- Qu'est-ce qu'expérimenter ?
- Vois cette poudre, elle est un mélange de composés chimiques qui la rend explosive. Si je me contente d'écrire la formule de cette mixture il serait faux de prétendre qu'elle peut exploser. Il faut donc que je me livre à l'expérience moi-même pour affirmer que cette poudre est bien explosive. Si j'observe le ciel et que je constate un phénomène, je tenterais de savoir s'il est récurent et j'en écrirais la loi. Il faut donc dans ce cas que la loi décrive un phénomène vérifié par l'observation. Le vrai apparaît dans l'expérience.
- Dieu a-t-il créé l'univers comme il est dit dans le Livre ?
- Indéniablement !
- En as-tu fait l'expérience ?
- Je ne suis pas Dieu, mais je fais l'expérience du monde qu'Il a créé. Dieu nous commande l'expérience de Son monde à l'image de Son expérience de la création. Il n'est aucun miracle, Dieu est rationnel et nous invite à l'être sous peine d'égarement.
- Pourquoi as-tu été en prison ?
- Pour avoir dit ce que je viens de te dire. Les spéculations fantaisistes ont encore le pouvoir de nier la science et de la réduire au silence des cachots. Nul doute que Dieu en soit affligé. Aujourd'hui, tu me trouves en pleine écriture des principes de la science expérimentale en accord avec la volonté de Dieu. Rien ne peut s'imposer à nous par l'intuition. Aller vers Dieu c'est comprendre sa création. Expérimenter les phénomènes, c'est parler la langue de Dieu, c'est Lui rendre grâce.

Notre époque restera obscure, à l'abri de la lumière de Dieu, si nous ne répondons pas à Son invitation. Ma foi me conduit à Dieu par la raison, par la science et l'expérimentation. Si Dieu nous a dotés de sens c'est pour observer Ses merveilles et en dire la science. Quand je parle d'expérience, je veux dire que la connaissance s'acquiert par elle, encore faut-il les distinguer : l'expérimentation extérieure par laquelle tu connaîtras les choses matérielles et l'expérimentation intérieure par laquelle tu connaîtras les choses spirituelles. Regarde dans cette pièce, tous ces appareillages servent à la compréhension de la création, avec celui-ci je recherche la nature de l'arc-en-ciel, avec cet autre je peux grossir ma vue pour étudier des objets. A chaque observation, je prends contact avec la perfection de l'univers et cette perfection est de Dieu. Quand j'expérimente donc, je vais vers Dieu, c'est cela pour moi la science : elle ne peut être qu'expérimentale. Quand tu interroges la vérité, elle te répond et pour l'interroger, il ne faut pas se dissimuler sa propre ignorance. Ecoute ces personnes qui se paient des mots et de raisonnements, savent-ils quelque chose de Dieu ?

- Je ne sais pas, elles en parlent beaucoup, certaines avec talent mais ce qu'elles disent, je te l'avoue, m'échappe. Les propos décrivent des choses irréelles, complexes, contradictoires parfois.
- C'est le propre des discours ignorant la science et les langues. Les prédicateurs jonglent avec des concepts dénués de réalité avérée, ils manipulent des idées qui n'ont rien de commun avec le monde. En cela, ils sont proches du blasphème puisqu'ils dénaturent Dieu en ne comprenant pas Sa création. Regarde ce qu'ils font des croisades : un massacre. Il eut été plus utile de convertir les populations de ces pays pour qu'elles accèdent à la plus grande des connaissances. Tous ces hommes qui se réclament de Dieu ne raisonnent ni n'expérimentent et c'est leur plus grande faute.
- Tu insistes sur la raison, serait-elle supérieure à la foi ?
- La foi est du domaine du divin, la raison est du domaine de la science. La foi n'invente pas les machines, la raison ne croit pas en Dieu. Les hommes de Dieu sont des hommes de foi, ils leur manquent la raison pour connaître les choses de Dieu ; vois comme ils sont emplis de

préjugés triviaux sur les phénomènes naturels. Il est inconvenant de parler de Dieu sans comprendre ce qui est à l'œuvre dans Sa création. En effet, qu'observe-t-on ? De la matière et de la forme. Elles aspirent toutes deux à la perfection comme la graine d'un arbre aspire à devenir arbre. Où que tu portes ton regard tu verras la perfection comme principe de vie et d'évolution de toutes choses.
- Trouves-tu que l'humanité est en voie de perfection ?
- Elle est sur le chemin de celle-ci, le chemin n'est pas la perfection. Il s'approche puis s'éloigne puis s'approche à nouveau de la perfection. Cette période qui semble s'achever est un nouveau méandre du chemin de l'humanité. Sois attentif à ce qui émerge, l'humanité que nous connaissions va sûrement s'affranchir des préjugés pour entrer dans une nouvelle ère du savoir. Je n'aurai pas travaillé en vain. Ce mouvement qui s'annonce est une nouvelle tentative humaine pour tendre vers la perfection. Repars sur ton chemin, le monde va renaître ; témoigne de ce que tu as appris ici. Je te sais heureux de notre entretien, tu as renoué avec un peu de ce qui avait fait ton bonheur. Souviens-toi, fais l'expérience de la vie !

Etienne de la Boétie (1530 – 1563)

Je quitte Bacon avec le sourire à l'esprit. Il y a encore quelques hommes dans ce monde qui ne se satisfont pas des illusions de la croyance. Il y a encore quelques hommes qui pensent debout, curieux du monde et de la place que nous y occupons. Je décide de franchir cette mer étroite une fois encore pour revenir vers des contrées plus familières. Sur le bateau, quelqu'un m'informe de l'existence d'un poète qui a étudié les causes des malheurs des hommes. Si les hommes d'église ne savent pas répondre aux questions du monde, il se peut qu'un poète le puisse. Je m'engage donc dans ce voyage traversant un pays déchiré par les guerres que se font les religions. Massacrer au nom de Dieu est une inclination des fidèles ; comment ne pas être l'infidèle d'un fidèle ? Je trouve le poète dans la ville du vin.

- Puis-je t'accompagner sur ton chemin ?
- Certainement. Tu portes de longs voyages dans les yeux n'est-ce pas ?
- Je voyage en effet depuis longtemps.
- Et pourquoi voyages-tu ?
- Pour comprendre le monde, notre place dans celui-ci et le bonheur d'y être.
- Tu voyageras longtemps encore. Pourquoi te présentes-tu à moi ?
- On m'a dit que tu avais étudié le malheur des hommes et la cause de ce malheur.
- Je m'interroge en effet sur les causes des maux qui frappent l'humanité et pense avoir trouvé la cause qui les réunit toutes.
- Quelle est-elle ?
- La servitude des peuples, leur soumission aux tyrans. Une multitude d'humains souffrent pour servir un homme. Comme cela est-il possible ? Je ne parle pas des peuples qui cèdent à la force d'un tyran, ni de ceux qui sont gouvernés par d'habiles maîtres mais bien de ceux

qui servent des hommes médiocres, sans force ni honneur, qui sont dépouillés et pillés par eux. Ces peuples souffrent de tous les maux de la misère et pourtant ils supportent le joug et restent dans cet état servile. Seraient-ils couards ? Il se trouve toujours dans un peuple quelque courage et quelques individus qui en sont dotés. Il s'agit donc d'autre chose.

- Ne crois-tu pas que c'est la lâcheté qui conduit les peuples à leur servitude ?
- Je ne le crois pas, il s'agit d'un mal plus profond.
- Quel est-il ?
- Les peuples trouvent une satisfaction à supporter le joug de la servitude.
- Cela ne se peut.
- Les faits montrent cependant le contraire. Je propose donc le postulat suivant : si les peuples asservis ne rejettent pas leur servitude c'est qu'ils y trouvent un avantage. Leur servitude est donc volontaire.
- C'est absurde.
- Crois-tu ? Considère la nature de l'Homme. Il apprend à être Homme au sein de sa famille, il ne nait pas Homme, il le devient. Par ailleurs, l'Homme est naturellement doué de raison. Certes les hommes présentent des différences mais celles-ci ne sont pas à l'origine de la domination des uns et de la soumission des autres. Si la nature a donné la raison aux hommes, c'est pour la richesse qu'ils trouveront dans la diversité. La nature invite par la raison à faire de la différence une fraternité. La nature ne poursuit donc aucune finalité de servitude des peuples. Pourquoi le ferait-elle ? Si nous sommes naturellement doués de raison, si nous sommes naturellement enclins à la fraternité, nous sommes naturellement libres. Si nous n'étions pas libres, nous ne serions pas doués de raison. Enferme un oiseau dans une cage, il tentera de retrouver sa liberté. La liberté est le fondement naturel des choses.
- La servitude serait donc contre-nature ?
- Elle l'est en effet. Pourquoi les hommes agissent-ils à l'encontre de leur nature ? Ils sont dénaturés, ils ne désirent pas la liberté ne sachant pas qu'ils ne sont pas libres. Parce qu'ils sont dénaturés, ils ne savent pas

qu'ils peuvent refuser le joug qu'ils portent. Parce qu'ils sont dénaturés, ils ne sont plus lucides et n'ont aucune conscience que leur servitude est la source du pouvoir de leur tyran.
- D'où provient cette absence de lucidité ?
- De l'habitude d'être servile. Imagine que tu sois soumis à une tyrannie après que tes parents et tes grands parents y furent soumis. Que vont-ils t'apprendre ?
- Ils vont m'apprendre à servir le tyran.
- Si ta raison n'est pas éduquée, pourrais-tu imaginer ce que peut être la liberté ?
- Non.
- Alors tu es et resteras un serf ; si l'idée de liberté t'est étrangère, le courage pour la conquérir t'est également étranger.
- Les peuples asservis sont auteurs de leur malheur.
- Oui mais ce serait retirer aux tyrans leur part dans ce malheur. Si les hommes sont dénaturés, ceux qui gouvernent le sont tout autant que ceux qui sont gouvernés. Qu'ils tirent leur pouvoir de leur hérédité ou de la force, les tyrans, parce qu'ils sont dénaturés, font peser le joug sur le peuple et, pour cela, font usage de la violence. Ils s'ingénient à tout entreprendre pour que leur tyrannie dure et ainsi utilisent les religions et les superstitions pour ôter toute raison aux peuples acceptant leur condition comme un état juste des choses. Pour consolider leur régime, les tyrans s'attachent les services de veules complices afin que la tyrannie soit tenue sur l'ensemble du territoire. Il ne reste aux tyrans qu'à prétendre recevoir leur pouvoir du Ciel et de faire de leur peuple des fidèles ; la servitude s'alimente de dévotion.
- Est-il possible pour les peuples de lever les jougs du malheur ? Faut-il tuer le tyran ?
- Non, il faut cesser de lui donner du pouvoir. Si le peuple ne consent plus à sa servitude, le tyran est seul et donc sans pouvoir. Il suffit de refuser de le servir. Dès lors, le peuple retrouve sa nature et reprend ses droits. Le droit vient en effet du peuple qui confie la charge de gouverner au prince. C'est donc le peuple qui juge si cette confiance est

bien placée et qui la reprend si tel n'est pas le cas. Il s'agit pour les peuples asservis de reconquérir leur libre humanité.
- Pour que le peuple se libère, il faut qu'il ait une conscience de la liberté.
- C'est pour cela que pour libérer les hommes du malheur, il convient de les éclairer sur leur vraie nature, sur la dénaturation des tyrannies. C'est donc la connaissance qui libère les hommes. Ils sauront ainsi que leur nature est fondamentalement libre, ils sauront alors dire les jougs qu'ils supportent et sauront s'en détacher. Des hommes parmi les peuples savent cela, c'est à eux de porter la connaissance, c'est à eux qu'échoient la création des conditions de l'effondrement des tyrannies. Point n'est besoin de rébellion ; les peuples trouveront par eux-mêmes les voies du bonheur. Le monde des tyrannies n'a plus beaucoup de jours devant lui, vois toi-même ce qu'il advient du vieux monde. Toi dont la quête est le bonheur, je vais te recommander à un ami qui pourra t'enseigner à ce sujet. Il se nomme Michel de Montaigne et t'accueillera comme s'il m'accueillait moi.

Michel de Montaigne (1533 – 1592)

Quel joie d'avoir rencontré un tel homme, quel plaisir de l'esprit ! Quelque chose est en train de naître des cadavres décomposés de ces obscurantismes qui se combattent. Quelque chose renoue avec les sagesses antiques qui semblent ressurgir d'un enfouissement que j'avais cru irréversible. Le bonheur retrouve mon cœur, la joie bat en mon âme et mon pas en est plus léger. Les crimes commis au nom des religions étaient la preuve de l'échec de celles-ci, elles vivaient leurs derniers instants dans l'horreur. Il faudra donc que le sang coule encore avant que les épées de l'illusion ne retournent au fourreau de la raison. J'approche de la demeure de Montaigne au soleil couchant.

- Je t'attendais, La Boétie m'a fait connaître ta venue et je t'accueille en ami.
- Je te remercie.
- Je t'invite à dîner avec moi et nous parlerons. Assieds-toi.
- Ton ami m'a dit que tu pourrais m'enseigner sur le bonheur.
- Mon ami ne se trompe pas mais je ne peux rien t'enseigner de certain à ce sujet et pas davantage à d'autres sujets. Ce que je peux te dire c'est que le bonheur est dépendant de notre connaissance sur ce qui fait notre malheur.
- Connais-tu ce qui fait notre malheur ?
- Je crois connaître ce qui fait le mien. Je ne peux savoir ce qui fait le tien. Le malheur est relatif au jugement que chacun lui porte. Donc si tu sais ton malheur, si tu sais qu'il est tel, tu sauras en connaître les causes.
- N'y t-il pas des causes du malheur qui affectent tous les hommes ?
- Certes si, elles résident dans l'habitude que chacun a de se préparer au malheur avant qu'il n'arrive. Il existe alors une tension de l'instant présent pour un malheur absent. N'est-ce pas sot ? Si tu délivres ta pensée de l'idée du malheur, ne serais-tu pas plus heureux ?

- Oui, mais si le malheur arrive et que je ne me suis pas préparé, il n'en sera que plus grand.
- Qui sait ? S'il n'arrive pas, que de temps de bonheur gagné ; s'il arrive, ce temps de bonheur est toujours un gain. Je te parle des humains que je connais des pays que je connais. Je ne peux rien dire des humains qui vivent au-delà des mers sur ces nouvelles terres et rien de tous ceux que je ne connais pas.
- Tu es très prudent dans tes jugements ?
- Si je n'étais pas prudent, je rejoindrai la meute des assassins qui égorgent la certitude des autres au nom de la leur. La vérité n'est pas définitive, il n'y a donc pas de vérité.
- N'y a-t-il pas une vérité définitive ?
- C'est ce que j'ai dit en effet. Regarde notre monde tel qu'il va, vois-tu quelque chose de stable ? Observes-tu un ordre définitif ? Rappelle-toi de la chute de Rome ! Si donc nous vivons dans un monde instable, nous ne pouvons affirmer aucune vérité et aucune certitude.
- Le jour succède à la nuit.
- Pour le moment, as-tu une certitude sur l'éternité de ce phénomène ?
- Non.
- Ce n'est donc pas une vérité. Aujourd'hui, vois dans les rues ; la vérité tue. Si nous nous libérons de la vérité, nous vivrons.
- Que veux-tu dire ? Ne sommes-nous pas vivants ?
- Nous sommes vivants ! Mais vivons-nous ? Profitons-nous des instants, de nos rencontres, de nos joies, de nos peines, de nos solitudes, de nos amis ? Tu vois, chacun des instants que tu vis est une expérience de la pensée, en ce sens, chaque instant est une pratique philosophique. Observe ta pensée, vois comme elle joue avec ce qui arrive, vois ce qu'elle en fait. Tu sauras alors philosopher. Si j'écris, c'est pour lire les jeux de ma pensée. Ce sont eux qui m'apprennent à penser. Je peux y découvrir les causes de mon malheur : les présomptions, les vérités, les certitudes ; toutes figent l'esprit, toutes tendent la raison, toutes font taire le dialogue intérieure, toutes nuisent à la connaissance de soi, toutes interdisent le bonheur.

- Il faut donc se connaître soi-même.
- En effet, pour discerner ce qui convient à ce que tu es, comment peux-tu faire sans savoir ce que tu es ? Si tu te connais, tu comprends ta singularité et tu sais puiser dans ce qui fait ta vie ce qui fera ton bonheur. C'est ainsi que tu règleras ta conduite.
- Je suis donc maître de ma conduite, mais que dis-tu alors des lois de Dieu ?
- Je n'en dis rien, je dis seulement que le maître que tu évoques est un maître intérieur qui sait conduire tes actions. Ce n'est pas le regard des humains ni la justice divine qui te servent de guide, c'est ton maître intérieur, c'est donc toi. Si tu devais agir en fonction d'un jugement qui n'est pas le tien, tu donnerais satisfaction à d'autres que toi.
- Mon maître intérieur peut-il me guider vers le bonheur ?
- Ton maître intérieur est toi à l'écoute de toi ; tu n'es pas habité par un maître de sagesse, tu disposes d'elle. Recherche le bonheur dans ce qui arrive. S'il pleut, ne te désole point et va chercher dans ta bibliothèque le livre que tu souhaitais découvrir et rend grâce à la pluie. S'il fait soleil, parcours les chemins alentours et réjouis-toi des beautés des vallons colorés. Il n'y a rien qui n'arrive qui ne puisse faire l'objet d'un bonheur.
- Crois-tu que la mort qui nous attend puisse faire l'objet d'un bonheur ?
- Certes non mais pourquoi s'en préoccuper ? Penser sa mort c'est mourir un peu, c'est occuper le temps présent inutilement puisque la mort n'est pas là. La seule finalité de la vie est la vie elle-même. Elle seule nous permet un possible bonheur. Il convient, comme je te le disais, d'être attentifs à ce qui nous arrive. L'esprit vagabonde et nous distrait de l'instant ; absents au monde, nous privons nos sens d'une possibilité de joie. Si ton esprit rumine tu ne connaîtras pas les joies du sommeil ; si ton esprit se trouble, tu ne connaîtras pas les joies du vin que tu bois ; si ton esprit s'agite tu ne sauras rien de ta bien-aimée. Mais de quoi parlons-nous finalement ?
- Du bonheur.

- Pourquoi en parler quand il est à notre portée ; nous nous ingénions toutefois à nous en éloigner. Plus nous parlons, plus je considère que nos échanges sont l'arrogance d'une espèce qui se croit pensante. Nous ne sommes pas plus méritants qu'un souffle d'air qui fait chanter les feuilles des arbres. Nous parlons du bonheur sans vraiment le connaître. Souvenons-nous de la fragilité de notre nature et concevons que nos mots ont très peu d'importance. Là est la sagesse : nommer la chose et vivre la chose. Nous nommons trop et ne vivons pas assez. L'esprit encombré par les mots, nous en oublions les sens et le sens. A cet instant, il nous reste à dire que le bonheur réside dans l'évitement du malheur autant que possible et la jouissance plus que possible. Ne t'attarde pas sur la difficulté et jouis de la facilité. Si tu meurs heureux, la mort n'est plus un malheur. Souviens-toi que nous ne sommes assis que sur notre cul. Je te propose de nous lever ; je t'invite à dormir ici avant de reprendre ton chemin demain. Je te souhaite de trouver le bonheur et ses causes et de t'éloigner du malheur et de ses causes.

Giordano Bruno (1548 – 1600)

Bacon avait raison, le monde change, il sort des limbes obscurantistes. L'observation délie la langue de la science malgré la peur. Nicolas Copernic annonce la révolution astronomique et André Vésale annonce celle de la médecine. Les corps célestes et terrestres prennent place dans l'univers. Nous allons à nouveau nous frotter aux corps et quitter enfin la nébuleuse de la scholastique qui se referme sur elle-même. La religion se déchire, les massacres s'ajoutent aux massacres, elle n'en est que bien plus dangereuse pour la pensée. Giordano Bruno est en prison et c'est là que je me rends pour entendre ce courage d'une humanité qui n'est plus à genoux.
- Pourquoi es-tu en prison ?
- Je suis jugé pour hérésie. Je suis un « furieux ».
- Qu'entends-tu par furieux ?
- Il faut du courage et faire preuve d'héroïsme pour chercher la vérité. Je ne rétracterai pas mes dires sur mes découvertes basées sur mes observations de l'univers. Je ne peux laisser le dogme se substituer à la réalité.
- Qu'entends-tu par dogme ?
- La vérité scientifique a été établie par Aristote il y a plus de dix huit cents ans. Aujourd'hui, des observateurs ont constaté son erreur toutefois elle n'est pas admise par les gardiens du savoir. Quand un savoir ne rend plus compte de l'univers et qu'il ne peut être contesté, il est un dogme.
- Que dis-tu de l'univers ?
- Qu'il est infini, composé d'une seule matière soumise à une loi universelle. La matière prend forme exprimant ainsi une substance unique et divine.
- Où est Dieu ?
- Dans la matière, il en est l'énergie transformatrice.
- Dieu n'est-il point hors du monde ?

- La nature est divine, comme Dieu elle est une et infinie. Si tu comprends la nature, tu comprends Dieu. Les lois de la nature sont les lois de Dieu. Si tu veux servir Dieu, rapproche-toi de la nature. Il n'y a rien de plus rationnel que Dieu. Tu trouveras en chaque parcelle de matière la présence de Dieu, l'âme. Notre monde est donc empli de Dieu et moi je suis un citoyen de l'univers. Contemple le ciel et tu y trouveras l'infini de l'univers. Chaque monde est constitué d'un assemblage de planète entourant un astre central. Ces mondes se répètent à l'infini.
- Dans les Ecrits, Dieu arrête la marche du soleil.
- Le soleil est fixe, c'est une erreur de compréhension. L'univers assemble les contraires : le mouvement et l'immobilité, le petit et le grand, la haine et l'amour, la vie et la mort, le jour et la nuit, l'unique et le multiple. Ces arrangements sont l'énergie de l'univers. Il n'est point de mystères.
- Quelle est notre place dans cette nature divine ?
- Celle d'une intelligence donnée par Dieu pour soumettre la matière. A l'image de Dieu, nous façonnons l'argile pour en extraire une forme ; assujettir la matière c'est poursuivre son œuvre. Nous devons suivre le commandement de ne pas laisser la matière en l'état. Nous ne la changerons pas par la prière mais par nos mains et nos savoirs. Tenter de vivre hors la matière est une erreur, ce serait échapper à Dieu. Il faut maintenant lutter contre le dogme et l'ignorance. L'Homme, inspiré par Dieu, a pour mission de Le connaître et donc de connaître la nature et l'univers. Nous vivons une époque curieuse où la superstition se divise et se combat ; même affaiblie, le dogme veut durer, il impose le silence à la pensée et à la connaissance qui pourraient le mettre à mal dans ses fondements.
- Pourquoi ?
- Les hommes ne savent pas qu'ils n'ont pas besoin d'être gouvernés, profitant de cette ignorance, les plus avides gouvernent et les plus faibles sont gouvernés. Ceux qui commandent aux autres ne le font pas en leur nom propre mais invoque une délégation d'une toute-puissance qu'ils affirment avoir reçu de Dieu. Si Dieu est la nature, si les lois de

Dieu sont les lois de la nature, plus besoin de souverains ni de suzerains. Penses-tu que ceux-ci abandonneront leur position ?
- Certes non.
- Je suis un citoyen du monde, je dispose d'une âme comme toute matière ici-bas, je suis gouverné par Dieu et suis invité à travailler à la connaissance des choses. Tu vois sous tes yeux le sang répandu par l'ignorance et mon sort ne s'annonce pas meilleur.
- Seras-tu condamné ?
- Sans nul doute pour la raison que je t'ai dite. M'assassiner ne servira à rien, d'autres après moi viendront, certains sont déjà là pour remettre le monde à l'endroit. Nous en finirons avec Aristote, bientôt nous regarderons le ciel différemment, alors nous habiterons le monde autrement.
- Comment l'habiterons-nous ?
- Conscients de ce que nous sommes, enjoués dans la recherche de connaissances nouvelles, heureux d'exprimer le principe divin en toute chose. Dieu nous a voulu libre et nous le serons, la connaissance nous libèrera de la religion.
- Comme tu parles !
- Je suis proche de la mort et ai fait ce qu'il fallait de ma vie, les précautions sont désormais inutiles. J'ai déjà rejoint mon Créateur en pénétrant sa nature, je ne demande rien de plus. Je convie l'humanité à entrer dans une ère nouvelle et à désarmer les hiérarchies qui nous séparent de la lumière du savoir. J'ai été rejeté par les calvinistes, les luthériens, les catholiques et j'y vois un signe de Dieu. Je disparaîtrai mais resterai vivant, dans la poussière et dans ton esprit. Rappelle-toi que la vie est partout et qu'ôter la vie n'a pas de sens. Les bourreaux ne savent pas cela. Quand tu contempleras un astre dans le ciel tu y verras la vie et j'y serai. Tu vois, rien ne doit t'effrayer. Tout est là visible, à portée d'intelligence et de raison. Dieu est immanent et nous sommes, en lui, autonomes. Tu comprends pourquoi cette idée épouvante les suppôts des religions.
- Qu'entends-tu par autonomie ?

- J'ai vu un jour une étude de Léonard de Vinci sur le corps humain, je te conseille de la découvrir toi aussi. Tu verras que l'Homme dispose de ses ressources propres, qu'il est en mouvement grâce à sa constitution et que ce mouvement ne dépend que de lui. Tous les corps sont traversés par la vie, tous les corps se meuvent et s'accommodent entre eux. Le tout s'exprime ainsi : une danse des formes, une jubilation des âmes et l'infini pour espace. Tu vois que le monde est réjouissant et que les faiseurs de malheur croyant soumettre sont soumis à leur ignorance, à leur tristesse, à leurs antiques superstitions. J'en ai donc fini avec Platon et Aristote.
- Puis-je encore faire quelque chose pour toi ?
- Rien de plus que de partir maintenant. Laisse-moi à mon destin, je sais de quoi il est fait. Je te conseille la prudence, tu as entendu un hérétique et il se pourrait que la contagion te gagne. Si tu veux vivre pour témoigner de nos échanges, parle haut là où c'est possible, et bas là où il le faudra. Réjouis-toi, le monde a changé ! Il t'appartient désormais de naître à lui.

Jean Meslier (1664 – 1733)

Je quitte la prison emprunt d'une grande tristesse. Un des grands esprits de ce siècle allait mourir dans les flammes de l'obscurantisme. Ma méfiance pour les religions se transforme en aversion. Il faut que les Hommes de raison luttent contre ces dangereuses déraisons ; qui pouvait le faire avec le radicalisme qui convenait ? J'entendis dire qu'un curieux abbé prenait quelques libertés avec l'institution religieuse. Je me mis en route pour découvrir ce paradoxe vivant d'un homme d'église prônant l'athéisme. A mon arrivée dans cette petite paroisse de l'est de la France, je trouve l'abbé proche de sa fin.

- Es-tu trop fatigué pour converser avec moi ?
- Je ne suis pas fatigué mais mourant. C'est une mort que je choisis, je ne m'alimente plus pour en finir. Moi, Jean Meslier, je me meurs.
- Pourquoi veux-tu en finir ?
- Je suis las ; pourquoi poursuivre ? J'ai achevé ma vie et mon testament est rédigé. Il fallait bien que je livre ma pensée. Mort je ne craindrai plus rien.
- Que pouvais-tu craindre ?
- De m'acquitter un peu plus de mon ministère du mensonge. La souffrance que j'endure à chaque fois que je prêche des sornettes doit cesser maintenant. J'y mets donc fin.
- De quel mensonge parles-tu ?
- Tu ne peux savoir ce que sont les affres de réciter les litanies d'une superstition pendant les messes ou de se livrer à administrer des sacrements parfaitement ridicules en tentant d'en montrer toute la pénétration intérieure. Mourant, je me délivre.
- Tu n'as donc pas la foi.
- Je n'ai pas la foi et comment pourrais-je l'avoir ? Comment croire en un Dieu qui, pour propager sa parole, utilise de telles bêtises les déclarant

vérités. Comment croire en un Dieu d'une infinie bonté qui fait régner la haine et la violence entre les hommes ? Comment croire en un fils de Dieu qui finit crucifié comme un voleur ?
- Tu oublies les miracles qu'on lui attribue.
- Si tel était le cas, pourquoi serait-il mort en brigand ? On lui aurait élevé des stèles. Il n'existe aucune preuve de tels prodiges, ce ne sont pas les quelques témoignages de disciples incapables de comprendre les phénomènes qui les entouraient qui peuvent apporter un crédit quelconque à ces prouesses magiques. Les contes pour les enfants s'abreuvent de phénomènes miraculeux ; quand les enfants sont grands ils ne croient plus à ces histoires.
- Un grand nombre d'adultes y croit.
- Sont-ce vraiment des adultes ? A force de répéter une bêtise avec l'accent de la vérité - j'en fus le complice - les croyances se substituent à la raison. Si les livres dits saints étaient de Dieu, nous y verrions une forte parole cultivée, dépassant par sa puissance l'esprit humain ordinaire. Crois-tu qu'il soit raisonnable de croire à un serpent qui parle, à une arche qui accueille toutes les espèces vivantes terrestres ou à une femme extraite de la côte d'un homme ? Pourquoi alors les mythologies antiques ne seraient-elles pas plus véridiques ? Les écrits de la révélation sont d'une grande médiocrité ; c'est une insulte faite au génie de Dieu. Je ne dispose pas de temps pour te décrire les innombrables contradictions qui jalonnent les évangiles. Je veux t'en citer une parmi tant d'autres : Luc et Marc disent que Jésus monta au ciel alors que ni Matthieu ni Jean n'évoquent cette ascension.
- Es-tu en colère ?
- J'ai quelques raisons bien humaines dont l'injustice. Dieu est en effet injuste, il permet que les miracles s'accomplissent pour quelques-uns laissant les autres dans le malheur. Si un aveugle recouvra la vue, il fut le seul. Si un mort fut ressuscité il fut le seul tandis que d'autres mourraient dans les guerres et la misère.
- Ne crois-tu pas à la bonté divine ?

- Je regarde autour de moi et n'y vois que peu de bonté. Les seules bontés que j'ai vues sont humaines. Le fils de Dieu est venu délivrer le monde du péché disent les Christicoles, où vois-tu que nous en sommes délivrés ? Le monde est une plaie et ceux qui se parent de la bonté de Dieu sont les mêmes qui frappent les chairs. Pas de bonté, pas de Dieu.
- Tu parlais des textes, tu sais que les prélats disent qu'ils sont allégoriques et que c'est comme cela qu'il faut les lire.
- L'allégorie est une interprétation et l'interprétation n'a jamais fait la vérité. Quand les textes parlent de Jérusalem, nul doute qu'il s'agit de la ville et non d'une allégorie désignant l'église chrétienne quoiqu'en disent les Christicoles. Devant l'ineptie des textes, il a bien fallu trouver un artifice pour maintenir leur sacralité. Si nous nous attachions à extraire des allégories du texte de Don Quichotte de la Manche, nous aurions autant de réussite et pourrions tout interpréter en symboles dans le sens de notre foi.
- Les religions n'apportent-elles pas la morale ?
- De quelle morale parles-tu ? De celles des bûchers et des pals ? De celles des persécutions et des guerres ? Tu ne tueras point ton prochain et tu tueras les infidèles. Est-ce cela la morale ? Tu sacrifieras ton fils si je te le demande ; quelle morale y a-t-il dans cette injonction divine ? La morale n'est pas du côté des Déichristicoles. Que des peuples soient élus et d'autres non, est-ce moral ? Vois les mœurs des chrétiens, vois leur infamie et dis-moi où se dissimule la morale ? La secte répand le malheur partout où elle sévit au nom d'une morale qui cache une tyrannie. Quelle morale pourrait donc émerger d'une absurdité érigée en dogme ?
- Que faire face à ce fanatisme ?
- Le dire comme tel, en démonter le mécanisme. Les peuples sont aveuglés, il faut leur rendre la vue et aucun miracle n'est nécessaire. Dénoncer les impostures et les imposteurs, railler les superstitions et montrer sans relâche les mensonges. Mon testament y contribue, il est une pierre au contraire d'une autre sur laquelle fut bâti le malheur du monde. Penser par soi-même voilà le remède. Les textes sacrés sollicitent notre intelligence, il ne faut pas y répondre par la croyance

sous peine d'aveuglement. La soumission aux croyances fait le malheur des peuples ; injustices, pillages, ruines, oppressions, partout où passe le prêtre. Aucune vérité ne se trouve dans les religions, aucune divinité ne gouverne ce monde, seule la vanité et le pouvoir sont à l'œuvre. Nous libérer des religions, c'est reconnaître que nous sommes matière et que nous en procédons ; notre âme s'éteindra à notre dernier souffle. Seuls nos sens forgent nos idées et celles-là seules sont recevables. J'ai beaucoup parlé et je te demande de m'en excuser, mais le nombre de mes souffles est compté et je ne veux pas qu'ils soient vains. J'ai passé ma vie auprès des miséreux et des malheureux et je n'ai jamais trouvé la force de briser les illusions qui faisaient leur souffrance. Je laisse donc un testament où je mets au jour ce qui m'a agité toute ma vie. Que d'autres après moi poursuivent cette œuvre salvatrice. Le temps est venu pour les peuples de rejeter l'oppression des religions et des monarques qui les utilisent pour maintenir le joug. Je vais mourir prêtre et libre. Puisse la raison renaître après avoir connu tant de morts. Laisse-moi maintenant remettre mon corps à l'humus et mon âme à la poussière.

Claude-Adrien Helvétius (1715- 1771)

Je laisse un mourant derrière moi. Je n'entrepris point de le sauver, de le nourrir malgré lui sentant combien je l'aurais privé de cet acte de liberté ultime qu'est de décider de sa mort. Ce prêcheur a ouvert une porte avec fracas donnant sur des possibles plus heureux et moins obscurs. Le verbe revient à l'Homme, le regard abandonne la verticalité des cieux promis pour embrasser l'horizon immanent. Le cœur gonflé d'un bonheur que j'avais laissé dans le monde antique, je repris ma route à la recherche d'une suite, souhaitant qu'il y en ait une. Je me proposais de participer à un salon littéraire et philosophique où, disait-on, des idées nouvelles s'y écoutaient. A mon arrivée un orateur parlait d'une nouvelle science de l'Homme. Quand il me vit, il s'interrompit pour me demander :

- Je suis Claude-Adrien Helvétius, voulez-vous que je résume les propos que j'ai tenus avant votre venue ?
- Je vous en serai reconnaissant.
- L'idée est simple : notre esprit se construit en rapport avec ce que nous sentons, ce que nous expérimentons des choses que le hasard met sur notre route. Toute notre pensée et ce qu'elle produit rendent compte de nos sensations. Nous ne savons que deux choses sur les sensations : elles sont un plaisir ou elles sont un déplaisir. Notre vie est ainsi guidée par deux tensions, celle qui nous invite à rechercher le plaisir et celle qui tente de nous détourner du déplaisir.
- Vous dites que tout provient de la sensibilité physique. Que dire des mots qui s'adressent à la pensée ?
- Les mots évoquent une expérience sensible et sont reçus par l'esprit puisant dans la mémoire de cette expérience. Il est des mots qui nous mettent en joie et d'autres qui nous emplissent de tristesse ; joie et tristesse trouvent leur source dans l'expérience que nous avons faite de la joie et de la tristesse et, plus largement, du plaisir et du déplaisir.
- Et les idées ?

- Ce sont les sensations qu'évoquent nos relations avec les choses. Ces relations relèvent de l'expérience sensible que nous avons nouée avec les choses. Si nous ignorons les choses et les relations qu'elles ont entre elles, c'est que nous n'en avons pas fait l'expérience ; nos sens ne nous ont pas informés et nous ne produisons aucune idée.
- Si tout procède de la sensibilité physique y compris l'esprit, nous ne sommes pas des êtres spirituels.
- Nous ne le sommes pas en effet. Nous sommes des corps bien matériels et sensibles. Notre morale par exemple n'est pas issue d'un monde céleste qui délivrerait ses commandements mais de notre recherche du plaisir et de notre évitement du déplaisir. Nos morales se sont construites sur ces deux tensions contraires. Elles devraient rechercher le bonheur des peuples n'est-ce pas ?
- Assurément !
- Quel est le plus grand plaisir sinon de contribuer au plaisir du plus grand nombre ?
- Je n'en vois pas.
- Voilà les bases d'une morale qui pourraient aider à la construction d'une société pacifiée.
- Sans nul doute mais une société pacifiée est-elle plus juste ?
- Les inégalités ne sont pas de l'ordre naturel, elles naissent des conditions dans lesquelles l'enfant devient homme.
- Comment peut-on juger de l'inégalité ou de l'égalité quand tout est sensibilité ?
- Voulez-vous parler plus généralement du jugement ?
- En effet.
- Pour lever cette objection je vous propose de vous montrer en quoi les erreurs de jugement sont toutes issues de notre faculté à sentir. Il semble que la cause des erreurs de jugement vient en totalité de l'ignorance ; je veux parler de l'ignorance des causes des erreurs de jugement. Les passions par exemple, en sont une ; elles tendent le regard et, plus généralement, les sens vers une face de l'objet de la passion ignorant les autres faces. L'opinion est une autre erreur : c'est

une arrogance que de transformer une ignorance en savoir. Comment en effet juger d'une chose ou d'une situation sans procéder à une collecte des éléments qui constituent la chose ou la situation ? S'en dispenser et le jugement devient une opinion. On ne se défie jamais assez de sa propre ignorance. Toutes ces causes d'erreur sont de l'ordre du sensible ou, dans ce cas, de l'insensible.
- Vous voulez donc dire que notre esprit s'anime dans le faux ou dans le vrai dès lors qu'il est sollicité par nos sens.
- C'est ce que je veux dire, tout est immanent et nos sens sont les accès à cette immanence. Nous sommes en réalité le résultat de la relation que nous nouons avec notre environnement ; nous ne sommes rien d'autre.
- Nous sommes donc très dépendants et peu libres.
- Sachant que nous sommes conduits à rechercher le plaisir et à éviter le déplaisir, nous sommes libres de choisir les chemins qui conduisent au plaisir. Est-ce la liberté ? Je ne sais, tout au plus nous pouvons parler d'un comportement éclairé. La liberté est un effet de la nécessité. Pourquoi un homme sera-t-il affligé par le malheur des autres et tentera de le soulager alors qu'un autre y trouvera un contentement et ne tentera rien ?
- Je ne sais pas.
- L'un et l'autre y trouvent du plaisir. Où est en ce cas la liberté puisque c'est le plaisir qui détermine le comportement ?
- Le plaisir conduit-il au mal ?
- Non quand l'homme est éduqué et instruit. Le malheur du monde, dont une ère est en train de s'achever, vient de l'obscurantisme, d'un manque profond de connaissances des phénomènes physiques qui sollicitent nos sens. Les inégalités dont nous parlions proviennent de l'inégale répartition de la connaissance. Si les superstitions règnent encore c'est qu'elles s'efforcent d'interdire l'accès aux savoirs. C'est aussi la chance des despotes de gouverner des hommes peu instruits. Les tyrannies engraissent quand l'éducation maigrit.
- Que faut-il pour une bonne éducation ?

- La recherche du plaisir fonde les comportements, apprendre doit donc être un plaisir. L'éducation doit trouver en chacun le plaisir de développer les vertus. Mais surtout, l'éducation est un apprentissage du jugement et c'est pour cette raison qu'elle doit délivrer un savoir important pour que ce jugement soit le plus juste possible. Je l'ai évoqué, les erreurs de jugement trouvent leur source dans l'ignorance. Le malheur du monde vient de l'ignorance et les civilisations s'écroulent quand naissent les cirques et meurent les théâtres. L'enfant dispose d'une puissance, il convient, à l'âge d'homme, qu'il dispose d'une puissance instruite. Cette soirée s'achève et je vous remercie de m'avoir écouté et vous invite à contribuer pour votre bonheur au bonheur des autres.

Paul Henri Thiry, Baron d'Holbach (1723 – 1789)

La pensée est de nouveau en mouvement ; quel siècle ! J'en sais plus sur le bonheur après Helvétius ; je me sens bien dans ce corps sensible, je redécouvre la joie de sentir laissant pénétrer en moi les impressions du monde. Les trottoirs, la foule, les odeurs de la ville, tous ces visages croisés m'enivrent. Se peut-il que le monde change ou est-ce moi qui le regarde autrement ? Je suis de nouveau matière dans un monde fait de même ; il n'y a rien à attendre du ciel. Ma curiosité est comme aux premiers jours ; elle me pousse chez le Baron d'Hollbach qui tient salon à quelques pas d'ici.

- Bonjour, qui cherchez-vous ?
- Le Baron d'Hollbach et suis curieux de sa pensée.
- Lui-même, je fais table ouverte, dînerez-vous avec nous ?
- Avec grand plaisir.
- Entrez et prenez place. Je vous présente Jean-Jacques Rousseau, Jean le Rond D'Alembert et notre ami écossais Adam Smith.
- Très heureux de vous connaître.
- Notre sujet ce soir est la libération de l'Homme. Si nous parlons de libération c'est que je pense que l'Homme n'est pas libre ne sachant qu'il peut l'être. Je sais trop l'avis de mes amis ici et leur demanderais, pour cette soirée, de laisser la parole à notre nouvel invité.
- Je vous remercie mais je ne voudrais pas que ma candeur fasse taire les grands esprits qui me côtoient.
- Les grands esprits sont grands parce qu'ils savent faire silence quand il le faut. Permettez-mois d'introduire le sujet.
- Je vous en prie.
- Si l'homme n'est pas libre c'est qu'il ne sait pas qu'il ne l'est pas. Les superstitions religieuses font taire sa raison au point qu'il ne discerne point l'imposture. Pourtant une simple observation de la nature montre

qu'elle s'auto-organise, qu'elle est autonome au sens où elle se met en mouvement sans principe hétéronome.
- Que voulez-vous dire ?
- Qu'il n'est aucun besoin d'une puissance céleste pour qu'un volcan entre en irruption. Il est en de même pour la nature humaine. Ce qui la constitue est chimique et physique et détermine ses caractéristiques proprement individuelles : sa taille, sa corpulence mais aussi son tempérament, ses passions.
- L'Homme n'est-il donc rien d'autre qu'un arrangement de matière ?
- Rien d'autre en effet à l'image de l'ensemble de la nature. Pourquoi serions-nous différents ? L'imposture consiste à faire croire que l'Homme est une matière habitée par un immatériel éternel. Certes, ce n'est pas la meilleure nouvelle pour l'Homme que d'apprendre qu'il n'est pas hors de la nature et qu'il est mu par les rapports de force qui régissent les relations entre les choses. Il ne peut se prévaloir d'une nature particulière qui ferait de lui une exception. L'illusion est certes tentante mais dévastatrice quant à la liberté.
- Comment cela ?
- Si l'Homme ne connait pas sa véritable nature et les forces qui le font agir, il devra affronter de nombreuses désillusions et de grandes souffrances qui ne diminueront pas quand bien même les remettrait-il à Dieu. Je parle ici de l'ignorance, mère de toutes les vicissitudes humaines et cause des jougs qui pèsent sur l'humanité.
- Comment faire pour montrer aux hommes l'erreur dans laquelle ils se trouvent ?
- Il convient de tuer Dieu pour qu'enfin il meurt. Je veux dire que nous devons montrer et démonter le mensonge des croyances en ces mythes qui asservissent la volonté de l'Homme. Dieu est le mythe le plus puissant.
- Comment vous y prendriez-vous ?
- C'est une rude tâche que de lutter contre le besoin de consolation.
- Que voulez-vous dire ?

- Comment en effet nous consoler de notre finitude ? Comment trouver un réconfort quand la souffrance taraude l'esprit et le corps et qu'elle ne semble jamais vouloir finir ? Quelle épaule éternellement présente peut recevoir nos angoisses sinon celle d'un père aimant, éternel et tout-puissant ? Il s'agit de rechercher notre consolation en nous jetant dans les bras bienveillants de celui qui nous promet la vie éternelle. Bien sûr, il faudra veillez à agir selon sa volonté abandonnant ainsi la nôtre. C'est un marché de dupe : délaisser son destin pour une éternité illusoire. Nous disposons d'une volonté propre, d'une énergie propre ce qui fait de nous des êtres libres. Remettre à une entité spirituelle ce dont nous sommes naturellement dotés est un crime contre soi et contre l'humanité. Le crime est bien plus grand pour ceux qui désarment l'homme et le dépouille de tout ce qui fait de lui un être libre.
- De quelle liberté disposons-nous dans une nature qui nous contraint ?
- La liberté n'est pas une absence de contraintes mais le choix de celles-ci ou encore le combat contre elles ; accepter l'acceptable et refuser l'inacceptable voilà la liberté dont nous disposons. Nous sommes les seuls juges de nos actions. L'Homme, troublé par les superstitions, délaisse l'observation des réalités pour se réfugier dans une illusion fatale. Aveugle, il voit le monde au travers de ses préjugés et construit son propre malheur.
- Niez-vous la métaphysique ?
- Rien n'est au-dessus de la physique. Rien ne gouverne les corps sinon les corps eux-mêmes et les lois de la nature qui sollicite leur agir.
- Selon vous, sommes-nous doués d'une âme ?
- Nous sommes des êtres pensants parce que notre constitution matérielle le permet. C'est ainsi que nous sommes capables de produire des idées et que nous pouvons, comme ce soir, les échanger. Ce n'est rien d'autre qu'un arrangement organique qui permet la pensée, arrangement probablement plus subtil que celui des animaux ce qui nous distingue d'eux sans nous en éloigner. La croyance en une âme est puissante, elle est une explication simple à des manifestations complexes de la nature. Elle maintient ainsi les hommes dans l'ignorance et le malheur.
- Où se trouve le bonheur ?

- Dans le savoir de la réalité de la nature humaine et particulièrement dans la sienne propre. Il s'agit dès lors de se conformer à celle-ci pour trouver le bonheur. L'homme cultivé est un homme heureux, il sait ce qu'il est, il sait ce que les autres sont, il saura ainsi construire une société respectueuse de la nature de chacun.
- Les hommes se combattent souvent parce qu'ils sont de nature différente.
- Non, ils se combattent parce qu'ils ont un Dieu différent ou des préjugés différents ou encore une morale différente. Instruits de leur nature, comment n'accueilleraient-ils pas une autre nature que la leur ; ce qui les rapproche c'est qu'ils disposent d'une nature. Nous nous laisserons sur cette idée et je vous propose d'aller cultiver les hommes afin qu'ils prennent conscience que seul l'athéisme contribuera à leur bonheur.

William Godwin (1756 – 1836)

La France fait sa révolution. Si les peuples ne m'effraient pas, je crains les foules. Je fais alors comme beaucoup ; je me rends en Angleterre. Sur le bateau, mes pensées vagabondent vers l'antique Agora que j'avais l'impression de retrouver ; rencontres jubilatoires, liberté des propos, quête du bonheur, corps joyeux... la vie. Je débarque dans une Angleterre ouvrière, peuplée d'usines et de gens affairés. Je m'arrête dans une librairie où quelques personnes sont rassemblées. Elles dissertent sur un livre d'un certain Godwin qui semble faire grand bruit tant son propos est révolutionnaire ; l'époque sans doute. J'interroge autour de moi si quelqu'un peut m'aider à trouver l'auteur.

- Je suis l'auteur.
- Auriez-vous quelques instants à m'accorder pour que nous puissions parler de vos idées ?
- Nous en parlons en ce moment avec ceux qui sont autour de vous. Je disais avant votre arrivée que les gens riches ne le sont que parce que les circonstances leur ont été favorables. En effet, nous naissons dans le même dénuement, les inégalités sont le fait de notre environnement et de l'influence qu'il a sur nous.
- Nous ne serions donc pas responsables de notre condition.
- En effet, le libre-arbitre n'existe pas. Chacun est modelé selon les conditions dans lesquelles il naît, grandit et vit. Comment tenir un criminel pour responsable sachant cela ? La nature est réglée par des lois ne laissant aucune place au sort ou au hasard. L'homme n'échappe pas à ces lois jusque dans ses pensées. Nous sommes consécutifs. Les préjugés par exemple, sont issus de l'environnement dans lequel nous avons grandi. Seule la raison peut nous en libérer et nous en sommes tous doués.
- Si nous naissons égaux et que l'inégalité est due aux influences de l'environnement, faut-il changer l'environnement ?

- Tâche infinie, il s'agit plutôt de faire appel à la raison.
- Comment cela ?
- Chaque homme cherche le bonheur, il le cherche pour lui mais dans ce cas le bonheur est petit. S'il fait appel à la raison il comprendra qu'un bonheur partagé est bien plus grand. Il s'agit de justice ; considérer l'humanité dans son ensemble et s'extraire de l'égoïsme qui soude les familles pour porter un intérêt au bonheur des autres, de tous les autres.
- Comment convaincre que le bonheur du plus grand nombre est un plus grand bonheur ?
- Par l'échange et la raison. L'être humain est perfectible, confrontons sagement nos préjugés jusqu'à l'obtention d'une vérité partagée. En ce moment, je vous change et vous me changez et il convient que je l'accepte et que vous l'acceptiez ; j'appelle cela la bienveillance, il ne s'agit pas de tolérer ce que vous dites qui pourrait me bousculer mais bien d'accepter d'être bousculé ; faite-vous la différence entre bienveillance et tolérance ?
- Oui !
- Je vous reconnais comme un frère humain et je vous demande la même considération en retour. Je saurai alors me laisser influencer par vous et vous par moi. De ces influences réciproques, des ces frottements des nos pensées, de ces chocs entre nos préjugés naîtront une vérité qui sera la nôtre et qui fera notre bien. Ainsi, nous ne nous sommes pas convaincus par la force rhétorique mais avons accordé nos raisons pour élaborer une pensée qui n'est ni la mienne ni la vôtre, ni même leur addition. Voyez-vous où une telle façon de faire nous conduit ?
- Non.
- A l'absence de gouvernement. En effet, pourquoi aurions-nous besoin d'un pouvoir qui régulerait les passions excessives, les confits irréductibles alors que nous possédons chacun la raison pour ce faire ? Rappelez-vous ce que nous nous sommes dits sur le bonheur ; un gouvernement peut-il offrir le bonheur au plus grand nombre par la force voire par la violence ? Dans une organisation où certains

dominent certains autres il n'y a point de bienveillance possible. Les systèmes démocratiques créent des disparités entre les humains, entre ceux qui légifèrent et ceux qui obéissent ; les élites savantes et la masse ignorante. Observez comment les gouvernements complexifient la réalité pour qu'elle échappe aux peuples ; ils en deviennent ainsi propriétaires, nous dépossédant de notre pouvoir d'agir sur elle.

- Quelle est à votre avis la cause de l'injustice ?
- Sans nul doute, la propriété. Je ne parle évidemment pas de la propriété des biens qui permettent à chacun de répondre à ses besoins de subsistance. Je parle de la propriété du fruit du travail des autres. Il est un droit dans notre monde industriel qui légalise un vol car qu'est-ce d'autre que de priver quelqu'un du fruit de son travail sinon du vol ? Voyez que le gouvernement là encore entretient l'injustice pis, il la légalise. Si nous voulons un monde meilleur, il convient de supprimer le gouvernement et pour cela ne plus l'alimenter de nos préjugés, de nos faiblesses, de nos démissions et de nos soumissions. Sans gouvernement, la raison de l'Homme est libre et commande les arrangements entre les uns et les autres. Je l'ai évoqué plus avant, la raison régule les divergences et les conflits, nul besoin de l'instance d'une autorité, les hommes s'arrangent entre eux et créent les organisations qui répondent au bonheur du plus grand nombre possible. C'est, vous l'avez compris, un combat contre l'ignorance qu'il faudra mener en commençant par éduquer les enfants, non en les considérant comme des êtres inférieurs mais en développant leur confiance en eux, leur capacité à dialoguer puisque l'échange fonde toute assemblée d'hommes libres.

- La révolution ne vous semble-t-elle pas le bon moyen de renverser le gouvernement ?

- Renverser n'est pas "supprimer" ; voyez la révolution française ! Même si elle promet moins d'injustice, elle reste injuste. Les émeutes ne sont pas propices à la réflexion, à la contradiction des pensées, à la controverse des idées. Les foules sont bien souvent dépossédées de leur révolution et renaît un gouvernement qui tentera de se maintenir jusqu'à la prochaine révolution. La raison est souvent absente des révolutions c'est pourquoi elles ne font que changer la forme de gouvernement, la liberté y est finalement sacrifiée. Quand les hommes deviendront sages, ils seront libres et décideront de leur bonheur. La tâche est immense et le temps ne se compte pas. L'impatience des hommes les prive du raisonnement ; ils font et refont sans cesse les mêmes erreurs et sont gouvernés encore et encore. Nous devons entreprendre maintenant de sauver les hommes de l'ignorance cause de leur malheur et si nous devions nous atteler à une première tâche ce serait celle d'enseigner les enfants et les jeunes gens afin qu'ils deviennent des êtres raisonnables donc libres. Penser par soi-même et confronter la pensée à celle de l'autre, voilà l'avenir du monde. Je vous laisse à vos réflexions et vous invite à aller au-devant des enfants.

Condorcet (1743 – 1794)

De retour dans une France républicaine, j'ai le projet de rencontrer un représentant du peuple connu pour ses positions radicales quant à la liberté : Condorcet. Ses propositions à l'Assemblée Nationale sur le vote des femmes et sur l'éducation sont particulièrement révolutionnaires… trop peut-être. J'attends la chance de pouvoir échanger avec cette illustre personne même si elle a sûrement peu de temps à me consacrer. Je décide de me rendre au siège de son journal. Assis à une table probablement en train de rédiger un article ou un discours, l'homme semble tout à sa tâche, animé d'un enthousiasme que seul révèle l'agitation nerveuse de sa plume. Intimidé, je reste à l'écart de cette puissance à l'œuvre. Il lève les yeux vers moi :

- Que puis-je faire pour vous ?
- M'accorder quelques instants.
- Qui êtes-vous ?
- Un voyageur en quête du bonheur.
- Vous ne trouverez ici que le début d'un bonheur qu'il s'agit maintenant de construire.
- A vous regarder il semble pourtant que le bonheur ne vous soit pas étranger.
- Il est en effet dans mes pensées comme la finalité de mon action ; je parle d'un bonheur pour le plus grand nombre.
- Quelles sont les conditions de ce bonheur ?
- La liberté.
- Qu'est la liberté ?
- L'absence d'aliénation est la liberté. Quand l'Homme dispose de son temps, de ses forces, des ressources pour accomplir sa vie sans qu'aucune autorité ne puisse arbitrairement lui retirer, l'Homme est alors libre. Il est par exemple libre de choisir ses lois, de choisir ceux qui gouvernent en son nom mais aussi libre de livrer sa pensée sans être

inquiété. Notre révolution est une conquête de la liberté par l'Homme et pour l'Homme. Notre histoire est celle du joug que nous venons de briser. Notre finalité n'est plus le salut mais le bonheur. Bienvenu dans votre patrie !
- Le bonheur s'obtient-il par les armes ?
- La révolution s'est faite par les armes. Je n'en ferai pas une règle. Comment pensez-vous désarmer les tyrans ?
- Par les armes dites-vous.
- Il est plus puissant qu'une arme : une idée.
- Quelle idée ?
- Qu'il n'est pas dans la nature de l'Homme de se soumettre à une tyrannie. Le sort de l'humanité n'est pas funeste, le sort de chaque Homme n'est pas le malheur. Ceux qui, pendant des siècles, ont menti en promettant un bonheur au-delà pour un malheur ici-bas n'ont pas permis aux hommes de penser qu'il puisse accéder à un bonheur ici et seulement là. C'est toute la force de l'idée quand elle est une alternative à ce qui est présenté comme immuable. L'histoire de l'Homme est faite d'alternatives et d'imprévisibilités. Observez par exemples le sort qui est réservé aux Nègres.
- Parlez-vous de l'esclavage ?
- Je parle d'un crime commis au nom d'arguties comme celle qui consiste à dire qu'il est dans la nature des peuples d'Afriques d'être esclaves ou celles, invoquées par les colons, arguant d'une ruine probable de leurs exploitations si l'esclavage était aboli. Qu'est une relation entre deux personnes si elle n'est pas librement consentie par l'une et l'autre. L'esclavage est illégal, en effet, nul Homme ne peut être possédé par un autre.
- Pourtant, si vous louez vos services à une fabrique par exemple, le propriétaire s'approprie votre travail et votre temps.
- Certes, mais cette appropriation a fait l'objet d'un contrat librement accepté. Si le contrat n'est pas respecté, chacun peut faire appel à la loi. Un esclave peut-il faire appel à la loi puisque c'est la loi qui autorise son esclavage ? Voilà pourquoi je réclame l'abolition. Bien sûr, on

m'oppose que l'abolition mettrait à mal les richesses produites dans les colonies. Que vaut un pays qui fait sa richesse en privant de liberté ne serait-ce qu'un seul Homme ? Que vaut un pays qui privilégie le commerce à la liberté ? Il s'agit de choisir entre le commerce et la justice.
- Les intérêts des colons sont importants.
- Ils ne peuvent être plus importants que la justice et la liberté. Il faut être intransigeant dans ses choix. Ce qui rend l'esclave libre c'est qu'il se soumet volontairement à la loi du peuple ; ce qui brise l'inégalité dans laquelle il se trouve c'est que le colon y est soumis de la même manière. Nous ne pouvons poursuivre ce crime contre des hommes ou il était inutile de prendre la Bastille. Qu'est le bonheur des uns sans celui des autres ? Nous ne serons humains que si chaque Homme est reconnu comme tel. Ce que notre révolution a à dire au monde ne peut se perdre dans des compromissions au nom d'intérêts qui seraient supérieurs à la justice. Nous avons rabattu les intérêts supérieurs de quelques-uns qui faisaient le malheur de beaucoup d'autres, il convient de faire pour les esclaves ce que nous avons fait pour les serfs.
- Vous faites-vous des ennemis ?
- Certainement ; la révolution a beaucoup d'ennemis, les monarchies européennes, Rome et ses affidés et bientôt les planteurs blancs. Elle y résistera si elle ne cède pas sur ce qui la fonde et qu'a voulu le peuple : la liberté.
- Que faites-vous des religions ?
- Elles sont une expression de la spiritualité humaine, chacun est libre de cette expression dès lors qu'elle n'aliène pas l'Homme, qu'elle ne s'érige pas en moral ou pis, en gouvernement des corps et des consciences. J'ai dénoncé par la passé et le ferai encore les billevesées religieuses mais il serait contraire à la justice d'imposer mon point de vue aliénant du même coup la liberté de pensée.
- La liberté s'apprend-elle ?
- C'est le sujet du mémoire que je suis en train de rédiger. Une république n'a de chance d'aboutir au bonheur recherché que si

l'ensemble du peuple est instruit et éduqué ; quand je parle du peuple, je parle des femmes, des hommes et des enfants. Ainsi chaque citoyenne et chaque citoyen sont égaux en droit mais pas seulement. Il convient d'éduquer tous les citoyens pour que le génie de chacun puisse profiter à l'ensemble. Enfin, apprendre à penser par soi-même est le fondement de toute instruction publique ; en effet, apprendre à penser par soi-même c'est apprendre à forger son destin c'est donc apprendre à être libre. La tyrannie prospère sur l'ignorance, la république sur l'instruction. Je vais reprendre mes écrits et souhaite que dans les voyages qui vous attendent vous puissiez porter l'espoir que notre révolution fait naître.

Jeremy Bentham (1748 – 1832)

« Le plus grand bonheur du plus grand nombre possible », cette phrase aurait pu avoir été prononcée par Condorcet ; elle vient dit-on d'outre-manche où se déroule une autre révolution : celle des idées. Après avoir quitté Godwin il y a peu, me voici à nouveau dans la capitale de l'ile à la rechercher de Jeremy Bentham, l'homme qui dit avoir énoncé une « algèbre de la morale ». Je le trouve à Westminster :

- Monsieur, vous avez une forte renommée en France
- Monsieur, j'écris parfois en français. Savez-vous que je suis citoyen français ?
- Je l'ignorais.
- Je soutiens grandement votre révolution même si j'ai quelques réserves sur les fondamentaux de la *Déclaration des Droits de l'Homme et du citoyen.* Je pense en effet qu'il n'y a pas de droit naturel ; les sociétés se font parce que l'Homme y trouve un avantage à condition que l'action de chacun de ses membres ait une utilité sociale et soit pensée dans cette finalité.
- Qu'entendez-vous par « utilité » ?
- Vous le savez pour l'avoir appris lors de vos rencontres passées que ce qui motive l'action est la recherche du plaisir et l'évitement du déplaisir. Une action est donc juste et utile si elle produit un bonheur et injuste et inutile si elle produit un malheur. Nous pouvons donc dire qu'une vie réussie est une vie dont le nombre des plaisirs est supérieur à celui des douleurs.
- Comment avons-nous la certitude que ce que nous faisons ou la manière dont nous le faisons produira de la peine ou du bonheur ?
- Il suffit de passer ses actions à l'analyse et je propose à cet effet quelques critères utiles : le plaisir que je me propose est-il intense, durable, certain, proche dans le temps, fécond, pur et étendu.
- Pourriez-vous expliquer chacun de ces critères ?

- Commençons donc par l'intensité. Que vaut un plaisir qui n'a que peu d'intensité ? Un effleurement sans consistance, une monotonie à peine entamée, un moment inutile. L'utilité du plaisir réside dans son intensité. Il convient donc de chercher les plaisirs intenses. Parlons maintenant de la durée ; en effet, quel serait un plaisir s'il ne durait pas ou si peu ? Un plaisir du moment, soumis au temps qui passe comme un souffle léger qui soulage mais ne soigne pas. Le plaisir s'incarne, se fait chair et ne peut être corrompu par le temps, il finit par mourir avec le corps. Quant à la certitude du plaisir cela peut paraître improbable ; ce qui est probable est la chimère d'un plaisir hors de portée. Il s'agit de solliciter le discernement pour que le plaisir souhaité soit parfaitement accessible. Un plaisir chimérique ne présente aucune utilité ni pour soi, ni pour la société. Parlons maintenant de la proximité du plaisir dans le temps. L'humanité a été trop longtemps dupée par des plaisirs paradisiaques hypothétiques et lointains. Le plaisir se prend dans le futur proche voire immédiat. Un plaisir ne dépend pas de sacrifices consentis dans le présent pour être gouté dans le futur. Si la vie est un sacrifice, elle n'est pas un plaisir. Venons-en à la fécondité ; une société dont les membres recherchent le plaisir crée les conditions du bonheur pour le plus grand nombre. Il convient alors que chacun s'assure que le plaisir choisi en entraîne d'autres. C'est une logique du plaisir qui inverse la logique du malheur.
- Vous ne parlez en réalité que d'un plaisir pour un individu ; c'est une logique de l'égoïsme.
- Une société est constituée d'individus, le bonheur ne peut se répandre dans une société s'il n'est pas le fait de chaque individu mais je vais terminer mon propos. Un autre critère qui peut répondre à votre objection est celui de la pureté, il s'agit ici de bien déterminer que le plaisir voulu n'ait pas de conséquences fâcheuses. Un plaisir ne peut provoquer de douleurs sinon il est une douleur. Enfin, un plaisir n'a d'utilité que si d'autres que soi y contribuent, c'est ce que j'appelle l'extension du plaisir. Cet aspect répond à l'objection que vous m'avez faite. Ce guide morale de l'action favorise le bonheur pour le plus grand nombre. Le bonheur se répand comme le malheur, il suffit donc de

choisir le bonheur. Ce que je propose est de transmettre son bonheur aux autres et ainsi d'éviter l'épidémie de la douleur. Le bonheur en ce cas est un lien social plus incarné, plus quotidien, plus vivant qu'une idéologie faite de promesses heureuses et souvent oppressive. Le malheur n'a aucune utilité sociale, il n'est pas humain pourquoi alors le laisser prospérer ?
- Qui peut garantir un tel « code » moral ?
- Un gouvernement contrôlé par le peuple. Les dirigeants ne disposent d'aucune vertu particulière, ils la doivent à la surveillance de ceux qu'ils représentent.
- Qui vote la loi ?
- Le peuple et dans le peuple, ceux qui en sont capables. Le gouvernement garantit la bonne application des lois. Une bonne loi est celle qui tend à augmenter le bonheur pour le plus grand nombre, c'est sa seule utilité : une utilité sociale. L'échec des civilisations et des organisations sociales jusqu'à nos jours réside dans la croyance en l'inéluctabilité du malheur et de la peine. Le destin, Dieu, le hasard ou la nécessité sont les puissances invoquées pour justifier le malheur et la soumission à celui-ci. Il s'agit pour nous de combattre les transcendances, les superstitions religieuses, les préjugés métaphysiques et de mesurer la vie à l'aune du plaisir pris individuellement et collectivement.
- Est-ce là votre morale ?
- En effet, elle est arithmétique, plus le plaisir augmente pour le plus grand nombre, plus la morale est sauve. Je reviens à nouveau aux principes moraux de l'action que je viens de développer ; plus une action répond aux critères d'intensité, de durée, de certitude, de proximité, de fécondité, de pureté et d'extension, plus elle est morale. Il nous faut, pour chacune de nos actions, les examiner à la lumière de ces critères moraux et tendre à répondre à tous. Des hommes heureux font des sociétés heureuses ; le bonheur trouve sa source dans une bénéfique alliance d'un égoïsme et d'un altruisme ; égoïsme à façonner son bonheur, altruisme à le transmettre.

- Tout cela est très mécanique, l'Homme serait selon vous une machine à ressentir et le bonheur se trouverait dans un arrangement des machines entre elles.
- Les machines ressentent-t-elles le bonheur ? Si oui, en auraient-elles conscience ? Si oui, le propageraient-elles ? Une machine produit-elle des actions qu'elle peut juger bienveillantes ? Vous répondrez à ces questions. D'une manière générale, je trouve curieux que le bonheur soit suspect et le malheur présumé innocent. Je propose d'inverser les logiques et les considérations ; la vertu est ce qui contribue au bonheur et le vice ce qui contribue au malheur. Pensez-y sur la route qui vous mènera à votre étape.

Charles Fourier (1772 – 1837)

D'une capitale à l'autre, de Londres à Paris, la pensée voyage et je voyage avec elle. Le bonheur a intégré le discours politique, il est devenu un enjeu social, une finalité collective. Un philosophe français propose une nouvelle société à partir du constat des injustices créées par le libre échange ; l'économie entre dans la réflexion philosophique parce qu'elle contribue aux maux de l'humanité.

- Puis-je vous déranger ?
- Auriez-vous l'amabilité d'attendre que j'écrive les derniers mots d'un texte que je destine à Victor Hugo ?
- …
- Merci de votre patience. A qui ai-je l'honneur ?
- Je suis un voyageur du bonheur.
- Qu'est un voyageur du bonheur ?
- Un quêteur d'idées sur le bonheur.
- Que pensez-vous obtenir de moi ? Le bonheur ?
- Je pensais plutôt aux conditions du bonheur.
- Voilà des dizaines de milliers d'années que le bonheur n'est pas un fait social,
- Pourquoi ?
- Je vois trois raisons : la contrainte des passions humaines, la vénération du commerce privé et la famille.
- Qu'entendez-vous par « contrainte des passions » ?
- Tous les êtres humains possèdent des passions. Elles sont originellement faites pour le bien et leur emploi est destiné au bien. L'ensemble des religions avec la complicité des philosophies ont imposé dans le temps une défiance vis-à-vis des passions. Les pouvoirs les répriment au nom de la morale. Le bonheur n'est pas accessible à un humain dont les passions sont réprimées. L'argument développé par les

moralistes est qu'une passion peut être violente et qu'il faut donc l'anéantir pour que cette hypothèse ne survienne pas. Voyez la sottise d'un tel argument. Il ne faudrait donc pas naviguer sur les mers au prétexte qu'elles pourraient se déchaîner en tempêtes. La morale : voilà l'adversaire du bonheur. La passion est une attirance naturelle vers l'autre, vers l'amour, vers Dieu, vers le vin, etc. Ces passions sont en réalité parfaitement neutres. Indifféremment elles peuvent produire le mal ou le bien. L'erreur de la morale est d'entretenir une confusion entre la passion et le mal qu'elle peut produire. De cette confusion est née la répression morale des passions. Je prétends que les passions produisent de l'harmonie, comme les astres, par l'attraction, produisent des mouvements harmonieux et équilibrés. Contraindre une passion humaine c'est risquer son explosion, elle devient alors néfaste. L'utiliser aux fins du bien n'a jamais été tenté et je prétends que cela mène au bonheur du plus grand nombre.

- La morale empêche-t-elle le bonheur ?
- Trouvez-vous un quelconque bonheur dans la répression des corps ? Y-a-t-il un seul plaisir dans l'oppression de la nature humaine ? La morale est l'ennemie. Examinons le mariage qui est une union à perpétuité, connais-tu des hommes ou des femmes qui n'ont jamais tenté de s'en échapper ? Les femmes notamment dominées par l'homme, condamnées à la prison de la monogamie et de la famille. Pourquoi l'union des sexes n'obéirait-elle pas aux passions ? Quel héritage historique immuable condamnerait la chair à rester dans le même lit ? L'immoralité est donc une libération et je la revendique. La vraie question est : quelle est la forme la plus adéquate pour faire en sorte que les relations entre les sexes soient harmonieuses ? La monogamie n'a rien démontré bien au contraire.
- Vous avez évoqué la vénération du commerce comme cause du malheur.
- Encore un mot si vous le voulez bien ; si la morale est un ensemble de moyens mis en œuvre pour déployer le bien d'une société, la morale qui s'impose depuis des millénaires a fait la preuve de son échec et elle n'est donc pas une morale et ma pensée n'est pas immorale. Vous

parliez du commerce. Je n'accuse pas le commerce en tant que tel mais sa vénération. Une nouvelle secte est apparue, elle est à l'origine d'un nouveau culte : l'économie politique et d'une nouvelle divinité : le génie commercial. Les modèles de vertu de l'antiquité ont été chassés des étals de la pensée remplacés par l'amour du sucre, des étoffes, de l'argent. Cette nouvelle religion s'est débarrassée du vocabulaire de la sagesse pour lui substituer un ramassis de mots sonnants et trébuchants : balance des commerces, sous et deniers, contrat de commerce, je n'en ferai pas la liste, ses mots ne me vont pas en bouche. Voilà maintenant que le commerce dirige la politique. C'est un fait social majeur. Règne aujourd'hui la vulgarité de l'intérêt, la bassesse du denier. Le commerce n'apporte que fourberies, banqueroute et misère. Où se trouve le bonheur dans une telle fange ? Mais au nom de leur infaillibilité, les philosophes devenus économistes persistent dans l'erreur en la donnant pour vérité. Là encore, les passions sont combattues. La concurrence est la seule pensée du commerce, elle est un déni de la passion humaine. Il n'est point de bonheur possible dans la concurrence. Le corps est aliéné par la valeur marchande, l'esprit est concentré sur les cours des matières, les mains sont tendues pour recevoir ou donner les justes rétributions des échanges de marchandises. La contrainte a triomphé.

- Le commerce permet la création de richesses.
- Certes mais pour qui ? Je n'ai plus beaucoup de temps à vous accorder et je voudrais traiter de la famille comme cause du malheur. La famille est le lieu de la répression des passions, de l'abus de l'autorité. Le mariage, comme je l'ai déjà évoqué, est un esclavage institutionnel, les femmes sont les principales victimes de cet asservissement ; la prostitution a-t-elle apporté le bonheur aux femmes ? Plus la femme est opprimée, plus la civilisation se dégrade. L'égoïsme qui fonde les familles est contraire aux aspirations à la liberté. C'est dans la famille que l'enfant apprend la soumission. La famille est le premier cercle de la morale, là où la répression des passions est la plus violente puisqu'intime, admise et encouragée. Les maux de l'humanité trouvent leur source dans la famille. Il faut réinventer des lieux où les passions

puissent s'exprimer avec bonheur et harmonie, d'où la répression est bannie, où les corps s'arrangent selon l'attraction des uns pour les autres, où les esprits se cultivent libres des contraintes morales. J'ai déjà l'idée de ces lieux et m'attache maintenant à réunir l'argent pour les construire. Je ne vous ai pas laissé parler et je m'en excuse, il me reste encore beaucoup à penser à dire à écrire et à faire. J'espère que vous aurez trouvé ce que vous cherchiez. Je vous quitte à l'instant et souhaite que votre quête ne s'achève pas.

Arthur Schopenhauer (1788 – 1860)

Je n'ai jamais rencontré de penseurs aussi radicaux que Charles Fourier, une sorte de trouble et de confusion envahissent mon esprit. De ces flots de mots me restent l'idée qu'il fallait mettre fin à la civilisation pour que l'espèce humaine puisse connaître le bonheur ; la tâche semble immense. Depuis quelques temps déjà, les philosophes que je rencontre parlent plus de philosophie qu'ils ne la vivent. Ils sont des intellectuels, sont-ils des philosophes ? Les idées sur le bonheur ne sont pas l'expérience du bonheur. Quitter la France pour un pays que je ne connais pas m'apparaît opportun pour vérifier si la philosophie n'est plus qu'un exercice intellectuel. Je me rends à Francfort où je me propose de rencontrer Arthur Schopenhauer qui a bien voulu me recevoir pour parler du bonheur.

- Bonjour Monsieur, nous avions rendez-vous.
- Bonjour Monsieur, certainement, asseyez-vous. Vous m'aviez informé que vous vouliez échanger avec moi à propos du bonheur.
- En effet, selon vous, quelles sont les conditions du bonheur ?
- La pitié.
- La pitié ?
- C'est le mot que j'ai employé : la pitié. Voyez-vous le bonheur autour de vous ? L'avez-vous rencontré durant votre long voyage ? Tout ici n'est que souffrance, malheur et désespérance. Nous pourrions dire que ce désastre serait supportable s'il était porteur de sens. Il n'en est rien. Aucune finalité, aucun sens, aucun plan d'aucune sorte, tout recommence et semble sans fin : les saisons, les générations d'humains, le jour et la nuit. Nous vivons dans le pire des mondes possibles ; s'agit-il seulement de vivre ? Comme des horloges remontées nous errons jusqu'à ce que le ressort détendu arrête le mouvement, nous aurons pris auparavant la précaution de nous reproduire pour que le mouvement continue. Alors oui, la seule chose qui puisse donner un peu de bonheur est la pitié.

- La pitié ne soulage pas la souffrance.
- Il y a pire que la souffrance : la souffrance dans l'indifférence. La pitié annihile l'indifférence, la souffrance s'en trouve allégée. Et puis, la pitié c'est reconnaître soi en l'autre : *tat tvam asi*.
- Qu'est-ce que cela veut dire ?
- « Toi aussi tu es cela. » Ce sont des mots tirés des Upanishad. Ceci veut dire que nous sommes tous identiques, nous souffrons tous de la même façon ; l'eau de nos larmes est la même dans tous les yeux du monde y compris dans ceux du cerf que l'on tue.
- Croyez-vous vraiment que le monde est comme vous le dites ?
- Le voyez-vous différemment de ce que je vous dis ?
- Il est des moments de bonheur dans la vie humaine.
- Lesquels ?
- L'amour entre deux êtres par exemple.
- L'amour est à l'origine du malheur puisqu'il est à l'origine de la vie. Comment peut-on trouver du bonheur à engendrer de la souffrance ? L'Homme se reproduit par souci de conservation de l'espèce et condamne ainsi celle-ci à la souffrance : quelle absurdité ! L'amour est effrayant, c'est un ennemi.
- L'amour n'est-il pas un beau sentiment ?
- Un sentiment dites-vous ? C'est donc comme cela que vous appelez un accouplement. L'amour n'est rien d'autre que le génie de l'espèce pour assurer sa préservation. C'est un acte sexuel et rien d'autre. C'est un acte criminel tendant à produire la vie c'est-à-dire la souffrance. Il vrai qu'il est plus noble de donner le doux nom de l'amour à un acte sexuel.
- Comment pouvez-vous réduire la tendresse amoureuse, la passion des amants, la caresse des corps à la seule fin de la reproduction ?
- Je la réduis parce que ce que vous appelez, tendresse, passion, caresse ne sont que des subterfuges qu'emploie l'instinct de l'espèce pour garantir sa reproduction.
- Ce n'est pas que cela.

- Si, ne cherchez rien d'autre, vous vous perdriez. Je vous le concède, cette réalité est désespérante et votre quête risque de s'achever dans la déception qui s'ajoutera à votre souffrance d'humain.
- L'humanité ne peut vivre sans amour.
- Elle se condamne donc à une souffrance éternelle. C'est ce que j'appelle le vouloir-vivre qui condamne l'humanité à la souffrance et la volonté de reproduction que vous appelez amour en est l'instrument. Le monde n'a aucun but comme je vous le disais ; s'il va comme il va c'est du fait de sa volonté.
- Qu'entendez-vous par volonté ?
- La volonté est une force qui n'a qu'un but, perpétuer ce monde.
- Peut-on trouver le bonheur dans un monde où nous sommes soumis à sa volonté ?
- Nous pouvons toujours tenter de nous soustraire aux ruses tendues par l'espèce et nous éloigner des désirs. Ne plus obéir au besoin de procréation et nous voilà plus libres d'accéder à quelques plaisirs qui peuvent faire un bonheur.
- Quels sont ces plaisirs ?
- Je pense à l'art. L'artiste s'est libéré de la volonté du monde ; pratiquer un art est un acte libératoire. L'art ne procède pas de la volonté de survie de l'espèce, il tente de substituer le plaisir à la douleur. Entendez une belle musique et vous verrez comment vos douleurs s'éteignent, comment vos désirs se calment, comment vos souffrances s'oublient.
- Pour un temps seulement.
- Ce temps-là est constitutif du bonheur. Si je vous parle de la musique plutôt que de peinture ou de poésie, c'est qu'elle s'extrait radicalement du monde par un langage libre qui lui est propre. La musique échappe à la volonté du monde, à ses lois naturelles, s'adresse à cette partie résistante de l'Homme qui décide de ne plus se soumettre.
- Pensez-vous à d'autres arts ?
- Tous en réalité nous libèrent de la force du monde, tout acte culturel est une insoumission à la loi de la nature. Le bonheur réside peut-être dans cet idéal. Quand vous marchez vers une destination qui vous enchante

peut-être aurez-vous moins mal aux pieds, de la même manière si vous aspirez à l'idéal que je viens de nommer, peut-être la douleur de vivre s'en trouvera amoindrie. C'est la seule promesse de bonheur que je puisse vous faire sachant que je ne suis pas tenu par elle. J'espère ne pas avoir brisé ce qui vous tient debout depuis tant de temps. Ne perdez pas le rythme de vos pas qui vous conduisent au bonheur, vous souffrirez moins et, à la longue, vous serez heureux.

Ludwig Feuerbach (1804 – 1872)

Le désabusement serait-il une attitude philosophique ? Après cet entretien avec Arthur Schopenhauer nul doute que je suis désabusé. La religion tenait le monde, sa disparition semble provoquer une sorte de désenchantement. Seul reste un réel brutal parce qu'enfin entraperçu comme unique. Que va devenir un monde sans Dieu, en sera-t-il plus heureux ? Si le monde change, la façon d'y trouver le bonheur change-t-elle avec lui ? Je me rends à Heidelberg où Ludwig Feuerbach donne des cours ; je le rejoins alors qu'il rentre chez lui.

- Monsieur Feuerbach, puis-je vous accompagner sur votre chemin ?
- Votre compagnie est-elle bonne ?
- Vous en jugerez à la fin de votre route.
- Soit, que puis-je pour vous ?
- Comprendre, comme je tente de le faire depuis longtemps, ce qu'est le bonheur et les conditions qui sont favorables à son apparition.
- Pourquoi pensez-vous que je puisse vous répondre ?
- Tous les philosophes discourent sur le bonheur, vous êtes philosophe n'est-ce pas ?
- D'où vous vient l'idée que la question philosophique soit le bonheur ?
- Je n'ai pas trouvé une question philosophique plus importante.
- Je ne répondrai pas directement à cette question mais vous donnerai quelques éléments de réflexion qui pourraient enrichir votre quête.
- Je vous remercie.
- Commençons si vous le voulez bien par ce que nous vivons aujourd'hui : un changement de monde ; l'un disparaît, un autre apparaît. Le monde fut dominé par la religion qui recule maintenant face aux savoirs, à la science et surtout aux aspirations des hommes pour la liberté. La disparition de la religion c'est une possibilité de tyrannie en moins et une condition du bonheur en plus. L'Homme s'est

substitué au dévot. Il se retrouve enfin seul et peut procéder à la découverte de l'univers. C'est un vrai bonheur pour l'ensemble de l'humanité. Si j'ai dit que l'Homme a remplacé l'Homme de foi, il faut également qu'il remplace Dieu.
- Pourquoi devrait-il le remplacer, le monde ne peut-il se suffire sans Dieu ?
- Ce que je veux dire c'est que les philosophies et les pensées s'appuyaient sur Dieu ; sans ce tutorat, elles s'effondrent ; il faut donc concevoir une réflexion philosophique du futur. Si la philosophie fut une sorte de continuum de la pensée, l'histoire du monde contemporain nous invite à concevoir une pensée radicalement différente qui prend sa source dans le réel du présent. Le déclin du christianisme et l'émergence de l'athéisme est une vraie rupture qui doit trouver sa pensée dans une philosophie elle-même en rupture. Dieu est volontairement et consciemment expulsé de l'histoire des hommes, c'est un phénomène sans comparaison.
- Quelle serait cette nouvelle philosophie ?
- Une philosophie religieuse.
- N'est-ce pas un oxymore ?
- L'Homme a besoin de transcendance, la philosophie peut répondre à ce besoin sans faire appel à des divinités. Philosopher aujourd'hui c'est pratiquer le réel et le transformer.
- Vous souvenez-vous que ma question portait sur le bonheur ?
- Je n'ai pas oublié ce pour quoi vous vouliez m'accompagner dans ma promenade. Je ne pouvais aborder le bonheur sans évoquer le nouveau qui apparaît. L'homme est naturellement enclin au bonheur, la question est celle des conséquences du bonheur pour soi sur le bonheur des autres.
- Comment trouver le bonheur dans un monde qui impose sa volonté comme le disait le philosophe que j'ai rencontré avant vous ?
- Pourquoi n'opposerions-nous pas à la volonté de vivre, la volonté d'être heureux ? Comment nous libérer des contraintes ? Comme éradiquer la misère ? Dans un monde progressivement athée, les conditions du

bonheur sont plus accessibles. La volonté humaine n'est pas une sous-volonté du monde, elle vaut parce qu'elle est de l'ordre de la liberté. Le bonheur commence par une affirmation : « Je veux être heureux ! »
- Pensez-vous que l'Homme, parce qu'il est mortel, puisse jamais atteindre le bonheur ?
- Parlons d'abord de la misère humaine que ne semble pas mortelle. Si je me suis étendu sur la montée progressive de l'athéisme ce ne n'est pas pour tenir des propos d'historien mais bien parce qu'elle a un effet direct sur notre monde. Si l'Homme n'attend plus du ciel les solutions à sa misère, il saura alors les trouver lui-même découvrant ainsi sa capacité à transformer le réel. L'Homme revient à nouveau dans le champ politique.
- Politique ?
- En effet, il prend conscience du collectif, un acte collectif ou à destination du collectif est un acte politique. Les conditions du bonheur s'obtiennent par l'action politique. L'action politique c'est la partie divine de l'Homme, sa transcendance : ce qui est plus grand que lui. Nous ne pourrons plus déplorer la mauvaise grâce de Dieu mais la mauvaise volonté de l'Homme.
- Le bonheur de l'Homme dépend donc de lui.
- Définitivement oui et c'est ce qu'il doit apprendre. Se réapproprier son corps, ses sens, sa raison, son universalité, son destin. Il convient de contrarier l'habitude du malheur soigneusement entretenue par les religions. Il ne s'agit plus de discourir mais de pratiquer le bonheur, en cela la philosophie doit faire sa révolution. Commençons à penser comme nous le pensions de Dieu que l'Homme n'est pas limité.
- Comment ne serait-il pas limité ?
- L'Homme, dans la poursuite d'un idéal, retrouve une transcendance qui lui est propre. Le bonheur est sur le chemin qui y mène. A la différence de la transcendance religieuse, l'idéal ne réclame aucun sacrifice, aucune dénégation du corps, aucun ascétisme sec. L'idéal s'affranchit de notre finitude, les choses continuent sans nous mais qu'importe si nous en sommes à l'origine. J'évoquais la transformation du réel, l'idéal

est la cause transcendante de la transformation, le réel en est l'immanence. Il ne s'agit pas d'abandonner le rêve, il s'agit de ne pas le confier à Dieu. Voyez-vous, le bonheur qui nous a fait nous rencontrer est une pratique libre de la vie libre. Il convient de rompre avec notre croyance en notre impuissance. Je suis arrivé chez moi et vous laisse à votre recherche souhaitant avoir alimenté vos réflexions. Poursuivez votre idéal, tel est la condition de votre bonheur.

Mikhaïl Bakounine (1814 – 1876)

Ces dernières rencontres font apparaître que le bonheur devient une conquête collective. Il semble que le bonheur soit la résultante d'un processus d'émancipation de l'humanité. Il s'agit pour elle de secouer les jougs, de s'extraire des oppressions qu'elles soient politiques, économiques ou religieuses ; dans l'oppression, point de bonheur ! La philosophie encourage la révolte, le bonheur est au bout de la colère. Je pars à Lugano rencontrer Mikhaïl Bakounine, un philosophe praticien de l'insurrection. Je le trouve bien affaibli par les années de prison et par ses combats dans toute l'Europe.

- Puis-je m'entretenir avec vous ?
- Permettez-moi de rester alité, je suis faible aujourd'hui.
- Je comprends. Où trouvez-vous toute l'énergie que vous déployez ?
- Dans l'idée d'un monde meilleur.
- Quel serait-il ?
- Il faut partir du monde présent et lui ôter toutes les causes de l'oppression. Celle-ci est la cause du malheur des peuples, il faut donc toute de suite éliminer les causes.
- Quelles sont ces causes ?
- J'en vois trois. Les religions d'abord quand elles sont celles de l'Etat. Chacun peut construire les temples et lieux de prière qu'il veut à condition que l'entretien soit à sa charge. L'Etat ne finance pas les superstitions. Il conviendra d'arrêter leur influence notamment dans l'enseignement. Il ne s'agit pas de former des esclaves mais des citoyens libres. Une deuxième cause est le régime politique qu'il soit monarchique ou républicain. Ces régimes sont bâtis sur les privilèges de certains et sur l'oppression du plus grand nombre ; castes, classes, distinctions des uns par rapport aux autres, tout ça doit être aboli. Il s'agit d'établir l'égalité des droits pour toutes les femmes et tous les hommes. Il faudra abolir l'Etat, organisation oppressive par excellence,

hors du contrôle des peuples. L'Etat ne poursuit qu'un objectif : durer. C'est dans sa nature de soumettre le peuple par tous les moyens : appauvrissement, asservissement à des lois iniques, désinformation, abêtissement.
- Si vous supprimez l'Etat qui rendra la justice ?
- Des juges élus après que les codes issus de la religion auront été abolis.
- Qui se chargera de l'éducation ?
- Les communautés locales.
- S'il n'y a plus d'Etat, il n'y a plus de finances publiques.
- Vous faites une confusion entre Etat et moyens publiques. L'Etat est illégitime, il n'est en effet aucunement élu par le peuple. C'est au peuple d'élire ses administrateurs, ses juges, ses représentants ; c'est au peuple que revient le dernier mot. Un peuple qui décide de son destin et des moyens de son destin est un peuple libre donc heureux. Imaginez que de votre naissance et à votre mort vous soyez assuré que votre vie sera heureuse parce que le peuple l'a décidé.
- Comment cela ?
- Quand vous naissez vous êtes membre de fait et de droit d'une communauté qui assurera votre bonheur. Le bonheur est un droit : celui de ne pas avoir faim, celui d'avoir un toit, celui de vous éduquer et de vous instruire dans les meilleures conditions possibles, celui de vous soigner si vous êtes malades, celui de vous procurer un travail qui contribuera à votre épanouissement, celui de vieillir sans être rejeté de la communauté.
- C'est impossible.
- Le bonheur est impossible selon vous, auriez-vous trop écouté les prêches de ces religieux du malheur ? Si vous désirez le bonheur pour vous et pour tous, il faut donc le vouloir et le vouloir c'est créer les conditions pour qu'il advienne. Je viens donc d'énumérer quelques conditions et votre seule objection est l'impossibilité. Comment savez-vous que c'est impossible ? Qui vous a fait croire que c'est impossible ? Pourquoi le croyez-vous encore ? Les fantômes de l'oppression planent encore dans votre esprit. Des milliers d'années d'histoire créent des

habitudes de pensée. Il n'y a rien qui puisse empêcher aux hommes d'accéder au bonheur sauf les tyrannies qui vous font croire que c'est impossible. C'est une pensée néfaste que de croire que la liberté est impossible. Ce n'est d'ailleurs pas une pensée mais une croyance. Voyez-vous, la plus grande ennemie de la liberté est la croyance qu'elle ne peut exister. Comment voulez-vous que nous changions le monde quand des personnes comme vous pensent qu'on ne peut le changer sans pour autant cesser de se plaindre.

- Suis-je votre ennemi ?
- Non bien sûr, mes propos sont véhéments j'en conviens mais comprenez que quand vous me parlez de l'impossibilité j'entends la propagande des républiques et des monarchies, je n'entends pas un homme libre.
- Qu'est un homme libre ?
- Un homme instruit, instruit de son histoire et de l'histoire des peuples pour ne pas répéter le pire, un homme instruit des sciences du monde pour qu'il y habite en toute conscience. Plus largement un homme instruit ne vaut que dans un peuple instruit.
- La liberté n'est donc pas individuelle.
- Suis-je libre quand mon voisin ne l'est pas ? Pourquoi croyez-vous que je dépense tant d'énergie à l'avènement du soulèvement des peuples dans le monde. Parce qu'un seul individu privé de sa liberté m'empêche d'être libre. C'est aussi pourquoi je lutte contre toute forme d'autorité extérieure à l'Homme, je veux parler de Dieu ou de l'Etat.
- Comment faire advenir une société libre ?
- Il n'est pas d'émancipation des peuples sans soulèvement. Il n'est pas d'exemples dans l'histoire de souverains éclairés ni de républiques qui ont fait le bonheur de leur peuple. Il n'est pas non plus d'exemples où ces mêmes pouvoirs ont confié le destin des nations au peuple. Que je sache, la prière des bonnes âmes, la médiation des gens de bien, l'incantation des utopistes n'ont en rien permis la liberté. ! Que faire sinon renverser les Etats et les dieux ?
- Vous n'admettez donc aucune autorité.

- Si celle du médecin quand je suis malade. La seule autorité acceptable est celle du savoir et de la compétence. Si je parle de médecin c'est que j'ai recours à lui très souvent ces temps-ci. J'avoue également que la mort possède une terrible autorité et qu'elle est acceptable sans que j'y consente pour autant. J'ai tant prôné la solidarité et la liberté comme essence de l'humanité que je me sens bien seul dans mon corps qui pourrit. Souvenez-vous de ce que je vous ai dit : ne pensez pas que le bonheur pour tous soit impossible, n'admettez pas qu'on ne puisse pas tenter de l'obtenir, n'obéissez pas à ceux qui voudraient vous en empêcher et surtout, débarrassez votre pensée de ces éléments étrangers que la propagande a inscrite obtenant ainsi votre soumission consentie. Je vous remercie de m'avoir écouté. Je dois partir pour Berne et ce voyage ne peut attendre.

Friedrich Nietzsche (1844 – 1900)

« Dieu est mort », cette courte phrase circule d'une oreille à l'autre ; déflagration définitive dans cette fin de siècle. L'Homme est désormais seul, le vrai monde vient de disparaître pour faire place à la laideur du monde réel. Nous sommes privés de destin transcendant ; il faudra donc vivre. Je décide de partir pour Turin rencontrer l'auteur des ces mots.

- Je sais pourquoi vous êtes devant moi, j'ai entendu parler de votre long voyage et votre quête du bonheur et crains que celle-ci s'achève avec moi.
- Pourquoi devrait-elle s'achever ici ?
- Le bonheur n'existe pas, vous courez après une chimère.
- Voulez-vous dire que la philosophie poursuit une illusion ?
- La philosophie dénonce l'illusion. C'est ce que je fais quand j'annonce la mort de Dieu, il s'agit de la mort d'une illusion et avec elle celle du bonheur, de l'espoir, de l'idéal, du but et du sens.
- Sommes-nous vivants sans espoir, sans idéal, sans but ?
- Nous sommes vivants parce que nous sommes sans. Je crois savoir que vous avez rencontré Arthur Schopenhauer qui a sûrement évoqué avec vous cette notion de volonté comme désir de vivre. Je l'appelle volonté de puissance, volonté de s'agrandir, volonté de dépasser l'Homme. Cette force est à l'œuvre et façonne nos destins. Point de bonheur, point de paix, point de satisfaction, juste des forces ; le bonheur est au-delà de l'Homme.
- Je ne vous comprends pas.
- L'Homme est un être avachi, aspirant au bonheur démocrate, cherchant une tranquillité médiocre, une sécurité mortifère ; il se noie dans les eaux noires du nihilisme. Ainsi, il gâche sa puissance dans l'attente d'un destin à sa petite mesure. Enterré avant d'être mort, cet Homme là demande à être dépassé.

- Quel est ce nouvel Homme ?
- Un combattant ! Il fait la guerre à la mesquinerie, aux pensées courtes, aux saints et autres ascètes, aux vérités, à toutes les vérités. Il se bat pour devenir libre et il trouvera le monde et la joie d'y être. Ce nouvel Homme est un Surhomme.
- Quelle différence faites-vous entre un Homme et votre Surhomme
- L'Homme est le chrétien soumis à la morale des faibles, morale qui s'est insidieusement dissimulée dans l'esprit. La faute est intérieure, elle est dans la nature de l'Homme. Les valeurs sont alors inversées, l'âne s'est substitué à Achille. L'humilité, la petitesse, la souffrance, la veulerie, l'ignorance sont devenues les vertus du monde chrétien. L'Homme faible s'agenouille devant un cadavre. Mourir à petit feu dans l'ascèse, lent martyr des chairs et de l'esprit, négation absolue de la vie. Seul un pervers trouve un bonheur dans la haine de soi et des autres. Si nous ne brûlons pas les forces de la vie c'est que nous sommes morts.
- Pouvez-vous être plus explicite sur la faute intérieure dont vous parliez à l'instant.
- Avant les chrétiens, les anciens affectaient leur malheur au *fatum* ou aux dieux. Depuis la faute originelle, le malheur vient de la nature pervertie des hommes. Nous naissons avec la faute collée à l'âme et passons notre vie à nous purifier de cet héritage malheureux. Reniant les forces de la vie, exprimant une volonté d'impuissance, l'Homme empoisonne son âme et encourage sa faiblesse. Incapable de vivre, entièrement accaparé par le ressentiment, l'Homme se meurt. C'est cet état d'Homme qu'il convient de dépasser, c'est le ressentiment qu'il faut chasser ainsi que ceux qui l'ont sournoisement propagé.
- Le Surhomme est-il doué pour le bonheur ?
- Puisqu'il s'est affranchi des fausses valeurs, puisqu'il s'est confronté à la souffrance et qu'il a décidé d'y mettre fin, puisqu'il a identifié et défait les entraves à l'expression de sa nature alors il trouve un bonheur jamais connu. Il faudra encore qu'il rompe avec l'idée qu'il se fait du futur et qu'il concentre son attention sur tous les aspects du réel. Le bonheur est consécutif à la libération.

- Qu'est le bonheur du Surhomme ?
- Le Surhomme vit sans efforts, laisse sa volonté de puissance s'exprimer sans entraves. Le Surhomme ne veut rien, ne tend vers rien, ne poursuit aucun but et n'est conduit par aucun désir. Ce qui arrive au Surhomme arrive et c'est bien ainsi : *amor fati*. Le Surhomme conjure le malheur, est-ce le bonheur ? Si vous vous dites que vous ne vous êtes jamais donné du mal, entendez bien cette expression : se donner du mal, alors vous pouvez parler de bonheur. « Après tout le mal que je me suis donné » : où voyez-vous du bonheur dans cette phrase ?
- Voulez-vous dire que se donner du mal est une faute contre soi ?
- Comment peut-on envisager de se faire mal sans fauter contre sa puissance vitale ? Les chrétiens parlent de désintéressement, j'y vois un désintérêt pour soi, un renoncement à soi. Observez, là encore, l'inversion des valeurs : se donner du mal est un devoir, un peu de dieu en soi, une odeur de sainteté ; odeur de pourriture annonciatrice de la mort. Est saint celui qui s'autodétruit ; vous rendez-vous compte de la perversité d'une telle morale ?
- Je ne vous ai pas entendu parler de la raison.
- Pourquoi en parler ? Les forces de vie ne sont pas raisonnables, la raison invoquée par les philosophes est une illusion, au mieux la raison explique, elle ne commande rien. Voyez-vous quand vous parlez de la raison, du bonheur, de la charité, de la pitié doutez du sens de ces mots dont l'héritage a fait une vérité. Plus radicalement, je vous invite à douter des vérités, surtout celles dont on ne doute pas. Vous constaterez que toutes les vérités sont des croyances, il convient, à l'instar de Dionysos, de briser les colonnes trop droites des temples à coup d'excès, de démesure, d'ivresse, de désordre. Il faut être un demi-dieu pour briser les vérités ordinaires des hommes ordinaires.
- Vous avez parlé de nihilisme, que veut dire ce mot ?
- Rien, je veux dire : ce mot désigne l'idéologie du « rien ». Le nihilisme est l'état dans lequel se complaît notre civilisation. Les forces de la vie sont anéanties par les croyances dominantes, les hommes sont courbés dans l'attente d'un hypothétique bonheur. Je vous l'ai dit, il s'agit de conjurer le malheur et l'humanité ne s'y prépare pas. Nous en serons au

même point dans quelques siècles, le nihilisme a de beaux jours. D'autres divinités viendront remplacer le Dieu mort, les valeurs des faibles domineront encore et toujours, les démocraties porteront aux pouvoir les hommes les plus néfastes pour le genre humain. Une tâche m'attend et vous attend, détourner quelques-uns du troupeau pour que la civilisation ne devienne pas ce que j'annonce. Je vous quitte à l'instant, j'ai un cheval à sauver. Souvenez-vous de Dionysos.

Alain (1868 – 1951)

J'ai assisté à la fin de la raison de Nietzsche, il avait bien rendez-vous avec un cheval. Je l'ai vu, en larmes, enserrant le cou de l'animal comme une dernière embrassade à la vie. J'ai vu toute cette énergie s'effondrer. J'ai pensé un instant que j'avais devant moi le corps du dernier philosophe. Je suis de nouveau à Paris, le bruit des bottes fait résonner le pavé de l'Europe ; le monde et les esprits se troublent. Nietzsche ne sera pas le témoin du désastre annoncé. Je quitte Paris pour sa banlieue proche pour y rencontrer Alain l'auteur de « Propos sur le bonheur ». Je le trouve dans son petit pavillon :

- Je vous remercie de bien vouloir me recevoir quelques instants.
- En quelques instants nous n'aurons le temps de rien. Je vous invite à prendre le temps qu'il faut. Dans votre courrier vous me faisiez savoir votre intérêt pour mes « Propos sur le bonheur ». Qu'en avez-vous pensé ?
- A vous lire, j'ai compris que vous pensiez que le bonheur est une attitude autant corporel que mental ; vous ai-je bien compris ?
- Oui, je n'oublie pas cependant qu'il est des malheurs insurmontables qui ne dépendent pas de nous. Je n'ai pas la prétention de délivrer quelques recettes quand le malheur dévaste la vie.
- Vous dites donc que le bonheur n'est pas accessible à tout le monde.
- Je dis que le bonheur n'est pas tout le temps accessible. Mais je dis aussi que quand celui-ci est accessible nous n'y accédons pas et c'est de notre fait. Le bonheur est fait de petites choses qu'il convient d'accumuler. L'erreur est de chercher un grand bonheur ce qui nous conduit à ignorer les petits. Des petits bonheurs à force d'être répétés peuvent faire, au bout du compte, un grand bonheur.
- Pourquoi sommes-nous aveugles quand ces petits bonheurs se présentent ?

- Nous avons une curieuse habitude qui consiste à ressasser mentalement tout ce qui nous rend malheureux. Nous nous attardons sur des faits malheureux ou sur des faits à venir que nous imaginons malheureux. Il y a comme une sorte de rumination bovine à digérer à nouveau des tristesses qui nous ont déjà affectées ; une sorte de double peine et nous sommes à la fois bourreaux et victimes.
- Mais ne peut-on pas identifier les causes du malheur pour y mettre fin ?
- Les causes sont-elles toujours identifiables ? Je propose de mettre fin aux effets. Que les causes changent ou ne changent pas, les effets eux sont bien là. Prenons donc les effets comme ils se produisent.
- Les effets du malheur ne peuvent être changés.
- Non mais la façon dont nous y faisons face peut l'être. Si par exemple un malheur vous est fait, tentez de trouver un bonheur qui amoindrira votre malheur. Il ne s'agit pas d'être indifférent mais d'agir différemment. D'une manière plus générale, plus nous soufflons sur les braises du malheur, plus il s'embrase. Il convient donc de porter son souffle ailleurs. Si vous voulez embraser un feu, souffler sur quelques braises et le feu s'étendra rapidement. Nous ne sommes pourtant qu'à une voyelle de l'éteindre. Il en est de même pour le bonheur, souffler quelques petits morceaux de bonheur pour qu'il se répande.
- Que peut-on faire pour le malheur d'autrui ?
- Soit vous pouvez faire quelque chose pour le soulager et faites-le, soit vous êtes impuissant alors évitez de ressentir le malheur de l'autre pour que la contamination n'atteigne pas votre bonne humeur. Souffrir avec l'autre ajoute une souffrance supplémentaire. Ceux qui sont dans le malheur ne nous demandent pas d'être malheureux avec eux. Si vous êtes au chevet d'une personne mourante, pensez-vous qu'elle désire voir la tristesse dans vos yeux et l'effroi de la mort dans votre comportement ? Elle espère une main vivante, elle espère la vie elle à qui il en reste si peu. Un regard affligé provoque l'affliction même s'il est de bon ton d'afficher une tristesse de circonstance.
- Dans vos propos, vous faites très souvent allusion aux attitudes du corps.

- En effet, nous avons été éduqués pour supporter le malheur, nous ne savons pas accéder au bonheur et notre corps pas davantage. Je crois avoir donné dans mon livre l'exemple d'un cavalier débutant qui déploie une grande énergie pour se maintenir sur le dos de son cheval et, ce faisant, adopte les gestes qui le feront chuter à coup sûr. A l'instar de ce cavalier, nous sommes des débutants face au bonheur et faisons l'inverse de ce qu'il convient de faire pour chevaucher le bonheur. Observez toute cette crispation, ces emballements du cœur, ces nœuds à l'estomac ; le corps parle, la chair s'exprime, j'appelle ces phénomènes : « l'opinion de l'estomac ». Si vous voulez changer d'humeur, changez de posture corporelle.
- Vous avez souvent dénoncé l'imaginaire comme principal acteur de notre malheur, pourriez-vous m'éclairer à ce sujet ?
- Je vous invite à observer vos pensées le soir quand vous vous couchez par exemple. Voyez comme votre imagination est à l'œuvre et ce n'est pas pour le meilleur ; vous imaginez une dispute avec tel ou tel, une situation néfaste, une frustration, etc. Tous ces événements n'existent pas mais votre corps et votre esprit les ressentent comme réels. Si vous imaginez une dispute avec un ami, votre cœur va battre plus rapidement, vous ressentirez émotionnellement et physiologiquement la colère. L'imaginaire est puissant, le malheur l'est tout autant et il est réel parce que ressenti comme tel. Prenons l'exemple de la maladie : la craindre avant qu'elle nous touche est un moment perdu pour le bonheur.
- Vous avez dit qu'il ne faut pas espérer le bonheur, ne faudrait-il point le souhaiter ?
- Espérer le bonheur c'est attendre qu'il vienne d'on ne sait où comme une grâce qui nous serait faite. Le bonheur n'est pas une récompense donnée par une toute-puissance qui jugerait de nos mérites. Il y a une différence entre espérer le bonheur et vouloir le bonheur. Espérer, c'est l'attendre, vouloir c'est faire en sorte d'y accéder.
- Vous parlez de mimer le bonheur.
- En effet, c'est le rôle de la politesse et de ses règles. Montrer un bonheur que nous ne portons pas, afficher un sourire qui masque notre

tristesse, rire aux larmes pour ne pas pleurer, féliciter alors que nous voudrions insulter, tous ces rites de bienséance sont un mime, une mise en scène d'une joie de vivre qui nous sauve de la tragédie humaine. Voyez-vous, l'ennemi le plus redoutable du bonheur est nous-mêmes : notre imaginaire, notre opinion sur nous-mêmes (entre parenthèse, cette opinion nous est bien souvent transmise par nos parents et nos maîtres), notre corps inadapté au bonheur, notre famille quand elle nous envahit de sollicitude. Pour finir cet entretien dont je vous remercie, je veux vous laisser avec ce qui me semble être au cœur de votre quête : « faire de la nécessité une vertu ».

Bertrand Russell (1872 – 1970)

Je quitte Alain le cœur léger. Je considère, à ce moment, ma recherche sur le bonheur comme une aventure poétique et frivole. Je vois le monde comme une énorme farce à laquelle nous ne savons pas rire pour notre plus grand malheur. Je rejoins le Pays de Galles pour entendre Bertrand Russel qui a consacré un ouvrage au bonheur. Un homme qui a été exclu de son poste de professeur pour immoralité me semble celui qu'il faut entendre sur le bonheur, on ne cherche pas le bonheur sans bousculer les morales tristes.

- Je suis heureux que vous me receviez.
- Être heureux c'est le début du bonheur, vous ne serez donc pas venu pour rien.
- Êtes-vous un homme heureux ?
- Je le suis en effet et ceci depuis que j'ai décidé de ne plus m'occuper de moi, Je suis indifférent à moi-même et particulièrement à l'égard de mes défauts ou supposés tels. J'ai dégagé mon attention de ma petite personne pour la porter à l'extérieur et j'en suis heureux.
- Vous dites donc qu'une des causes de notre malheur est la préoccupation de nous-mêmes.
- Regardez en vous et vous y trouverez cette petite personne fautive et coupable, accusée par ses parents, condamnée par les religions, redressée par les maîtres. Vous n'y trouverez rien qui vous plaise puisque ce n'est pas vous. Laissons mourir l'enfance en nous et occupons-nous de l'extérieur.
- Que dites-vous à tous ceux qui cherchent les causes de leur malheur dans leur passé ?
- Que c'est un malheur de le chercher où il n'est plus. Ces gens confondent passé et histoire. Je leur dis d'extraire leur regard de leur intériorité culpabilisante pour considérer le monde dans lequel ils sont et d'y trouver un bonheur vivant. Si vous ne donnez plus vie aux souffrances passées, elles meurent.

- L'extérieur serait-il le lieu du bonheur ?
- C'en serait le lieu ; encore faut-il s'y comporter de manière à ne pas se rendre malheureux. Voyez toutes ces personnes dont la vie est tendue par la compétition et le succès, voilà une manière assurée de se rendre malheureux. Lutter du lever au coucher pour espérer être le vainqueur et en tirer les honneurs comme un combat entre deux mâles pour la domination de la meute. Avouez que le progrès dans ce domaine est mince. Tout ce temps passé à lutter et toute cette ignorance des beautés du monde, toute cette indifférence aux êtres, toutes ces poésies des sentiments qui ne seront jamais écrites ni jamais dites. L'intelligence est abandonnée, la connaissance est expulsée, la sensibilité est enterrée au profit de la seule volonté de pouvoir. Où est le bonheur dans une lutte qui n'a d'autre but que la réussite sociale ?
- Vous parlez ici de la compétition notion fondamentale de l'économie.
- Oui, l'affairisme qui requiert beaucoup d'agitation. C'est là où je voulais en venir. Il y a en effet un ennemi sournois de l'homme civilisé : l'ennui ; une incapacité à profiter des situations aussi banales soient-elles. Le malheur réside dans cette tentative systématique d'évasion par tous les moyens afin de s'extraire des situations monotones, répétitives, en un mot : ennuyeuses. Observez l'amour par exemple : une fois la passion dévorée, une fois le sexe consommé restent un ennui, une routine que l'on essaiera de combler par d'autres tentatives amoureuses qui finiront de la même façon. Incapables de voir dans le détail d'une minute combien le visage de l'être chéri est aimable, combien ces bras qui nous ont accueilli pour le plaisir sont toujours ouverts pour la tendresse. Le malheur vient de cette tension permanente à fuir l'ennui.
- Comment connaissez-vous aussi bien l'amour ?
- J'ai eu quelques expériences qui m'ont appris à en parler. Elles m'ont appris à aimer.
- Vous avez parlé « d'intériorité culpabilisante » qu'avez-vous voulu dire ?
- La culpabilité est l'ennemi du bonheur. Tôt dans notre enfance, nos géniteurs nous inculquent une morale ascétique ; elle reste ancrée en

nous au point que tout plaisir pris se paie d'une culpabilité. Souvenez-vous avec quel dégout on nous parlait de sexualité, dégout qui nous a été transmis et que nous gardons quand nous devenons grands. Rappelez-vous de l'obligation de dire toujours la vérité alors que la vie mérite parfois un mensonge ; mais qu'il est lourd à porter ! La culpabilité enferme l'individu dans un espace étriqué ; il ne peut alors exprimer qu'amertume et tristesse. L'homme coupable se retourne contre lui-même. Il s'emprisonne dans un malheur qui n'est pas de lui. C'est une véritable œuvre de libération que d'analyser ce qui est rationnel et ce qui ne l'est pas dans ce qui fonde notre culpabilité. Nous y découvrons un amas de croyances et de superstitions irrationnelles venues d'autres âges. Le bonheur ne peut créer une culpabilité puisque c'est un bienfait.

- Il n'est pas simple de s'extraire de la morale dominante, le consensus est puissant.
- Il faut alors se libérer du regard des autres, dans ce regard il y a toutes les conformités, tous les jugements communs, tous les obstacles au bonheur. La question qui se pose inévitablement à nous est : « Quel chemin suivre ? ». Il y a deux réponses possibles, le mien ou celui des autres.
- Le bonheur est un combat.
- Non, le bonheur est l'intérêt qu'on porte aux choses et aux êtres, cet intérêt est source de bonheur. Et puis il y a tous ces instants qui passent parfois dans l'indifférence alors qu'ils sont porteurs de bonheur. Promenez-vous dans la campagne et ralentissez votre pas ; vous découvrirez toutes les joies de la vie. Aimez ce que vous voyez et vous serez aimable. L'affection que vous portez à la vie fait une vie affectueuse à votre égard. Aimez ces êtres tendres qui vous entourent, aimez ce visage qui prend quelques rides et aimez ces rides. Nous trouverons la joie de vivre dans la vie simple, sans plus de lourdeurs dans les entrailles, sans plus d'agitation qui nous perd, sans plus de prisons qui nous enferment.
- Le spectacle du monde n'est pas celui du bonheur.

- Je n'ai pas parlé du bonheur du monde mais du vôtre et du mien ; vous et moi sommes le début du monde. Commençons par le bonheur qui dépend de nous, nous éviterons d'ajouter notre malheur aux malheurs du monde. Cherchons la bonne vie, nos enfants profiteront de cette recherche, débarrassons-nous des entraves au bonheur et nos enfants ne souffriront plus de ces jougs. Faisons le bonheur pour nous et le monde en sera plus heureux. Vous savez, le bonheur est chose simple, il faut donc se méfier des choses compliquées et des efforts qu'il faut faire pour les obtenir. Nous sommes faits pour le bonheur mais le malheur est défendu par de puissants avocats. Je vous laisse à vos pensées souhaitant qu'elles soient heureuses.

Herbert Marcuse (1898 – 1979)

Le monde est devenu industriel et marchand portant une promesse de bonheur qu'il ne semble pas devoir tenir. Le travail est devenu une valeur indépassable, pierre angulaire d'une société de l'efficacité. Le bonheur s'éloigne à nouveau de l'homme au profit d'un acte qui fonde le monde contemporain occidental : la consommation. Les théoriciens du tiroir-caisse sont les maîtres à penser, les écoles des marchands deviennent des écoles de prestige, la croissance des objets se substitue à la croissance de la pensée. L'Homme répète ses échecs. Je me rends à Starnberg en Bavière pour y rencontrer l'homme qui dit « non » :

- Comme je vous l'ai indiqué lors de nos échanges téléphoniques, j'aurais aimé vous entretenir du bonheur.
- Comme je vous l'ai dit au téléphone, le bonheur c'est la satisfaction de ses besoins par la consommation. J'avais pensé que cela vous suffirait mais vous avez insisté ; que puis-je vous dire de plus ?
- De quel bonheur parlez-vous ?
- De celui de la civilisation. Je parle d'un bonheur qui s'échange contre la liberté. Le bonheur du consommateur est une juste rétribution de l'aliénation.
- Je ne vous comprends pas.
- Commençons par dire que les classes dominantes ont trouvé une méthode très efficace pour maintenir leur pouvoir : le rendement. Cette nouvelle idéologie est à l'œuvre dans le travail : parcellisé, sans plus aucune sollicitation ni de l'intelligence ni de la dextérité manuelle, le travail est rationnel, l'Homme est privé de toute possibilité de réalisation dans son travail. Abruti par le travail, il se distrait de façon passive, réagissant aux seuls stimuli du monde marchand : il consomme ; c'est ce qu'il appelle son bonheur. Pourquoi croyez-vous que le temps passé au travail ne diminue pas ou peu alors que les biens et les services produits sont supérieurs aux besoins réels ?

- Je ne sais pas.
- Parce que le travail est aliénant et permet aux dominants de maintenir leur pouvoir.
- Pourquoi l'Homme consent-il à cette aliénation ?
- Les pouvoirs donnent du sens au travail, notez bien le verbe « donner » ; en effet, le travail est intrinsèquement dépourvu de sens. Pour qu'il devienne un instrument d'aliénation, il faut trouver une bonne raison : la patrie, la compétition, la race, la nation, l'avenir, les générations suivantes. La hauteur du but assigné au travail fait supporter son horreur.
- Où se situe l'aliénation ?
- Elle est dans l'absence d'une réelle liberté. La liberté virtuelle ou vulgaire n'est plus qu'un choix simple entre tel ou tel produit, entre tel ou tel spectacle. L'Homme civilisé ne sait pas ce qu'est la liberté, il est conditionné à penser qu'il est libre. Si toutefois l'idée lui venait de refuser l'aliénation, point besoin de forces répressives, l'opprobre de la conformité sociale lui ôterait vite toute velléité d'imaginer une alternative ; le contrôle social veille.
- Ne pensez-vous pas que les démocraties libérales offrent une liberté supérieure aux tyrannies ?
- Choisir ses maîtres vous paraît-il supérieur au fait de ne pas les choisir ? Dans le deux cas, l'esclave reste l'esclave. Bien sûr, dans une démocratie libérale, les maîtres disent qu'ils veulent le bonheur du peuple ; ils sont en réalité les créateurs des faux besoins qui arriment l'individu au désir de les satisfaire.
- Qu'appelez-vous faux besoins ?
- Les marchandises est les services présentés aux citoyens comme nécessaires pour accéder à une vie sociale dite légitime. Les vrais maîtres sont ceux qui créent les faux besoins, les nouveaux liens de l'esclave. C'est une gigantesque mystification. Pour répondre à votre préoccupation, je ne connais pas d'esclaves heureux. Comprenez-moi bien, le bonheur a été détourné, il réside dans l'objet et la convoitise de

celui-ci. Nous pourrions adopter cette formule : « le bonheur c'est le malheur », là est la mystification.
- Comment, dans ces conditions, accéder au bonheur ?
- A la marge.
- Que voulez-vous dire ?
- Je veux dire que le bonheur n'est possible qu'au-dehors du contrôle social. Ce dehors est la marge, « lieu » où s'assemblent ceux qui sont exclus ou qui s'excluent par leur refus de consentir à un travail aliénant ou à une consommation abrutissante ; ceux qui ne se soumettent pas au principe de rendement. Quand nous comprenons que nous sommes réifiés, nous sommes marginaux.
- Qu'est-ce qu'être marginal ?
- Dire radicalement non à cette pensée positive lénifiante qui tend à nous faire accepter les choses en l'état. Les trouvez-vous acceptables ?
- Non, vous avez raison, mais elles sont acceptées.
- Il faut donc couper les liens de l'esclavage, je veux parler des faux besoins. Ceci revient à dire qu'il convient de transformer ces besoins et ce ne sera possible que par l'éducation. Le système capitaliste a pris possession des moyens d'éducation et déverse son idéologie au moyen d'un discours unique que je nomme « discours clos ». Il anéantit ainsi tout esprit critique ; nous ne pensons que ce que nous avons appris à penser comme nous ne désirons que ce nous avons appris à désirer. Voyez-vous le malheur réside dans l'unidimensionnalité de l'individu obtenue par la répression douce du monde marchand.
- Qu'appelez-vous répression douce ?
- Les pseudosciences telles que la psychologie ou la sociologie ou encore la statistique instrumentalisées par les pouvoirs pour normer les individualités et détruire les pensées et comportements hors-normes, je nomme ainsi la pensée positive comme l'ennemie de la multi dimensionnalité des individus. Il s'agit pour le Système d'une mise en conformité des produits et de ceux qui les consomment.
- Ce que vous dites est terrifiant.

- Ce n'est pas ce que je dis qui est terrifiant mais ce qui est. Comprendre les mécanismes c'est déjà refuser le Système. Ne soyons plus manipulables et l'aliénation n'a plus de prise sur nous. Si nous savons que le capitalisme nous enjoint à nier nos désirs et nos envies pour y substituer des besoins vulgaires, nous lui aurons ôté son pouvoir d'aliénation. Il faudra que nous soyons très vigilants, le Système est capable d'intégrer les idées qui le combattent pour en faire une marchandise et ainsi les désarmer.
- Le bonheur se conquiert.
- Oui si le bonheur est le libre accès à nos désirs. C'est une conquête contre toutes les formes de coercition qui tendent brutalement à nier nos désirs ou, plus subtilement, à les transformer à leur service.
- Une révolution peut-elle permettre cette conquête ?
- Pour qu'il y ait une révolution, il faut des hommes révoltés. Je vois plutôt des hommes complices de leur malheur. L'avenir se situe dans les marges et périt dans les masses. Je vous conseille de rencontrer mon ami Adorno, il doit se trouver en Suisse en ce moment. Faites vite, sa santé m'inquiète. Vous apprendrez auprès de lui ce que je n'ai su vous apprendre.

Théodor Wiesengrund Adorno (1903 – 1969)

Départ pour la Suisse, mes sentiments naviguent entre l'enthousiasme à la pensée de la proximité d'un « grand soir » et l'abattement face à l'impuissance de la pensée à changer le malheur du monde. Sommes-nous seulement sortis de l'abîme concentrationnaire ? Si oui, qui ou quoi en sort et comment ? L'humanité s'est fondue dans les fours de la barbarie, qu'en reste t-il ? Peut-on encore penser alors que la pensée a conduit au meurtre de masse, au malheur absolu ? Je n'attends rien de mon entretien avec Adorno, je n'attends plus rien de la pensée ; mon abattement l'emporte.

- Vous m'avez l'air bien maussade, quel est le responsable de cet accablement ?
- La pensée ; je suis effondré à l'idée que des esprits cultivés et brillants aient pu se convertir à une logique meurtrière froide et industrielle. Cela fait longtemps déjà que je dialogue avec des sages sur le bonheur, je suis donc au bout du chemin, le malheur est victorieux.
- Pensons le bonheur à partir du mal si vous le voulez bien. Oui, Auschwitz est un échec de la culture occidentale. Oui, aucun garde-fou n'a été trouvé dans la pensée. Oui, ce fut la victoire du silence des esprits. Pour autant, faut-il se résigner ? Pour autant faut-il ne plus penser ? Faudrait-il se taire et ne plus se livrer à un échange comme le nôtre aujourd'hui ? Ce serait un sabordement pur et simple ; si nous sommes défaits, nous ne sommes pas vaincus. Il faut refuser une restauration de cette culture du désastre.
- Comment ?
- Reconnaître les discours apaisants quand ils nient l'horreur d'une réalité, les mots détournés quand « solution » désigne un génocide, quand la parole tend à diminuer l'effroi. C'est la finalité des métaphysiques que de donner à la mort une poésie qui masque la puanteur du cadavre. Quand je dis qu'il faut refuser la restauration de la

culture du désastre, je veux dire qu'il faut transformer radicalement la pensée. Il s'agit dès lors de penser le mal.
- Qu'est pour vous une pensée transformée ?
- Celle qui n'invoque plus la raison comme unique modalité. La raison des Lumières n'a en rien empêché la déraison nazie. La pensée transformée est une pensée libre du monde, qui n'a rien à dire à l'immédiateté, une pensée libérée de la domination absolue de la raison, affranchie de l'absolutisme du vrai et du faux, une pensée débarrassée d'une finalité pratique ; une pensée heureuse d'être pour que penser soit un bonheur.
- Quelle est l'utilité de cette sorte de pensée ?
- Quelle est l'utilité d'une telle question ? Qui peut dire si une pensée est utile ou non et à quoi ? La pensée qui poursuit une finalité utile est prétentieuse et dangereuse quand elle est tentée par l'idéologie. Ce qui finalement paralyse la pensée c'est l'injonction pratique.
- Pour en revenir au sujet de notre entretien, le bonheur ne peut-il être pensé et pratiqué ?
- Je ne me suis pas écarté du sujet et ai montré que les pensées qui conduisent au malheur poursuivent des finalités concrètes. Je vous avais indiqué qu'il fallait interroger le mal et l'impuissance de la pensée face à lui. Je dis ici quelle pensée est impuissante. Il faut donc une pensée qui détruise le mal, une pensée attentive aux plus petits signes de sa survenance, une pensée dénonciatrice du laisser-aller intellectuel, une pensée qui, par voie de conséquence, fait en sorte que le bonheur advienne. La pensée est une résistance à toutes les tentatives de soumission qui lui seraient proposées ou imposées. Une pensée soumise finit par admettre l'horreur et peut y trouver une justification. Je vous rappelle que nous parlons après Auschwitz. Si je devais résumer mon propos je dirais que la pensée est un bonheur qui dénonce le malheur, le bonheur est la dénonciation du malheur, aller au cœur de celui-ci, le décortiquer ; énoncer et dénoncer. Avez-vous renoncé au bonheur ?
- J'ai été tenté.

- Ne laissez pas périr le bonheur et vous vous éviterez ainsi la pire attitude : la résignation. Je vous propose de vous libérer du malheur.
- Je ne vous comprends pas.
- Soyez équanime devant le malheur du monde ainsi vous serez libre. Cette liberté est le bonheur. Vous en prenez-vous parfois à vous-mêmes ?
- Parfois en effet.
- Si vous vous en prenez à vous-mêmes, vous savez donc vous en prendre aux autres. Voyez comme notre attitude mérite toute la vigilance d'une pensée combattive. Quand vous êtes en état de bonheur, le bonheur augmente pour l'humanité. Quand je parle de vigilance de la pensée je veux dire produire une attention particulière à la confusion néfaste entre contentement et bonheur. Le contentement est une complicité avec les oppresseurs et les oppressions. Méfions-nous de nos contentements dans cette période postindustrielle qui s'ouvre. Nos conflits intérieurs sont absorbés par une conformité sociale molle, nous ne faisons plus l'expérience de nous-mêmes. Endormie sous une routine sécurisante, anesthésiée par l'idéologie du progrès, la pensée a de nouveau baissé la garde, les malheurs ressurgissent dans un silence culturel assourdissant, cela vous rappelle t-il quelque chose ?
- Faut-il de nouveau questionner le mal ?
- Il ne faut pas arrêter de le questionner. Il faut comprendre ce qui a été à l'œuvre dans la résurgence de la barbarie et voir si ces conditions ne se réunissent pas à nouveau. La civilisation devient à nouveau autoritaire, l'intimité est rationalisée, le geste est technicisé, l'intelligence formatée. Il s'agit que les humains prennent conscience que le bonheur ne se mesure pas à l'aune de la réussite sociale et économique mais à l'absence de malheur dans l'humanité. Il faudra donc lutter contre ce qui empêche cette prise de conscience, je veux parler de l'abrutissement par le travail, de la passivité généralisée. C'est une des caractéristiques des systèmes que de dissimuler les nuisances qu'ils provoquent. C'est toute l'utilité de la pensée du combat et de la dénonciation. Nous trouverons le bonheur à nous opposer au retour du mal, nous trouverons le bonheur dans la dénonciation du malheur et de ses causes. J'attire

votre attention sur les méfaits d'une société qui tentent d'abolir les différences en tentant de les éliminer ou de les assimiler. Cultivez votre différence et laissez l'anormalité s'exprimer ; encouragez l'incorrect, le radical, l'opposition, le conflit ; faites de votre vie une expérience vivante. Le bonheur passe par vous ; n'en soyez pas la prison. Gardez une pensée alerte, autonome et libre. Ne fermez pas vos oreilles aux cris des victimes. Le bonheur est un combat jubilatoire. Je vous laisse à votre chemin en souhaitant que vos épaules soient moins lourdes et votre esprit plus léger. Ne perdez pas votre quête, elle est salutaire pour vous et pour l'humanité.

Hans Jonas (1903 – 1993)

Il y avait bien un « après Auschwitz », ou plutôt, il y aurait dû y avoir un « après ». Nous n'en sommes plus à connaître les conditions de notre propre bonheur. Il s'agit dorénavant de penser l'humanité comme un tout interdépendant et d'y détecter tout risque de malheur. Industrialisation et technologie se posent en finalité, donnant aux hommes qui détiennent l'une et l'autre, un pouvoir sans précédent sur l'ensemble de l'humanité et sur les conditions de vie celle-ci. La technique était une promesse, elle est devenue une menace. Le mal dessine l'avenir. Je profite du passage de Hans Jonas à Munich pour prendre rendez-vous. Il me reçoit dans une salle de cours et avant que je n'ai pu m'assoir :

- Je suis curieux de vous rencontrer, j'ai entendu parler de vous et votre quête entêtée du bonheur. Que pensez-vous trouver auprès de moi ?
- Le bonheur ne mérite t-il pas que je m'entête ?
- Certainement puisque vous l'avez décidé.
- Je ne sais ce que je vais trouver dans votre pensée, je me dois d'abord de chercher et je vous remercie de bien vouloir me consacrer un peu de votre temps.
- Votre préoccupation étant le bonheur, je voudrais dire en guise d'introduction que celui-ci n'est pas exclusif du présent mais qu'il s'agit de le penser pour le futur. C'est, me semble t-il, ce qui change définitivement la réflexion philosophique. Pour conduire notre pensée, tentons de répondre à la question : qu'est-ce qui vaut vraiment ?
- La vie humaine ?
- C'est insuffisant.
- La vie ?
- C'est mieux mais encore insuffisant.
- La vie et sa conservation ?

- Vous y êtes, si nous voulons élaborer une pensée à propos du bonheur il faut donc dire quel est le plus grand malheur ; ici, le plus grand malheur est la disparition de la vie. Et bien je dis que ce malheur nous guette.
- Pourquoi ce malheur pourrait-il se produire ?
- Je ne vous apprendrai pas l'immense pouvoir que détient l'homme au moyen de la technologie. Dire qu'il est immense ne suffit pas, encore faut-il le décrire. Je pense notamment aux prélèvements faits par la civilisation occidentale pour assurer sa débauche d'énergie. Je pense à la puissance dévastatrice de l'énergie nucléaire. Je pense encore à la pollution des eaux, condition de notre naissance qui pourrait bien devenir celle de notre mort. Ce que je veux exprimer, c'est l'effet planétaire de la technologie d'une part et sa puissance de destruction sur la même échelle d'autre part.
- Les techniques sont maîtrisées.
- C'est une croyance que de le penser. Qui maîtrise qui ? Il y a une sorte d'irréversibilité dans l'augmentation de la technologie ; la menace s'accroit.
- Qui en a conscience ?
- Nous sommes certainement peu à en avoir conscience sinon nous ne constaterions pas cette irréversibilité dont je viens de parler. Si l'humanité avait conscience des effets futurs qu'elle produit aujourd'hui nous n'aurions rien à nous dire de plus à ce sujet. Si donc nous considérons que ce qui vaut vraiment est la vie et sa conservation et si nous constatons que le pouvoir de la technologie peut anéantir la vie, il nous fait donc trouver une nouvelle éthique pour préserver l'avenir.
- Pourquoi une nouvelle éthique ?
- Il s'agit de déterminer dans nos actions présentes ce qui peut présenter un mal ou un bien dans le futur. Je conseille de s'appesantir sur le mal futur pour que nous en ayons suffisamment peur.
- La peur est mauvaise conseillère.
- Pas quand elle est issue du constat de notre possible disparation. Si vous vous trouvez face à un lion affamé, la peur décuplera votre course pour fuir, elle est donc salutaire. Voyez-vous, le bonheur se décide

maintenant pour l'Homme de demain. Mais nous n'aurons pas tout réglé. Il y a des malheurs présents et ils sont nombreux. Je pense notamment à tous ces peuples qui survivent ou meurent de faim, de maladie et autres désastres climatiques. Un bonheur pour les uns n'est possible que s'il est accessible pour les autres. Ce serait une éthique incomplète de créer les conditions du bonheur pour les générations à venir sans se préoccuper des générations présentes. Quand un Homme meurt de faim sa mort contribue à la disparition de la vie. Certes la mort de l'Autre, éloigné, différent, ne cause que peu de peur.

- Mais la technique, si elle crée les conditions de la disparition de la vie peut aussi créer celles de la préservation de la vie.
- La technique pose des problèmes qu'elle résout par d'autres problèmes. La technique ne peut vouloir préserver la vie ; elle y est totalement indifférente.
- Vous faites appel à la responsabilité sans la nommer.
- Nommons-la ! Tout en effet repose pour demain sur notre responsabilité d'aujourd'hui. Nous sommes responsables de tout ce qui est périssable. Quand nous parlons de vie plutôt que de vie humaine, c'est que notre responsabilité s'étend à tout ce qui contribue à la vie, ce tout est vivant. Imaginez un nouveau-né, un être entièrement dépendant, totalement fragile, n'est-il pas impératif de lui venir en aide ? Ainsi nous préservons la vie et, préservant la vie, nous offrons des bonheurs possibles. Le monde a la fragilité du nouveau-né, il est parfaitement irresponsable de ne pas lui venir en aide ; que dire alors de la responsabilité de lui être néfaste ? Les populations abandonnées sont également des nouveau-nés, notre responsabilité est invoquée de la même manière.
- Que faudrait-il changer ?
- Le capitalisme ; c'est un système prédateur, qui est totalement amoral. L'amoralité ne peut être aux commandes. Mais ce qui me semble le plus important se situe dans l'avenir. Or, qui prépare les enfants à construire l'avenir sinon les enseignants et les systèmes éducatifs ? Aujourd'hui l'enseignement forme des optimistes ignorants dans le but de poursuivre le développement des technologies malgré la réalité qui

en montre les risques. Comment est un homme qui n'a pas appris à s'émerveiller des spectacles de la nature ? Comment est un homme qui ne connait pas les interférences entre sa vie et la nature ? Comment est un homme qui n'a pas posé une fois pour toute la vie comme valeur suprême ? Cet homme-là est une technologie. Cet homme-là est amoral. Cet homme-là n'a pas entendu les cris d'Auschwitz. Il s'agit bien d'éduquer les jeunes gens à développer leur sensibilité et particulièrement leur sensibilité à l'autre, je veux dire à l'autre vivant. Nous n'aurons alors plus à développer une éthique impérative, l'humain parce qu'il est humain et conscient sera l'éthique même. Le bonheur est consécutif. Je vous quitte avec cette idée pour que le bonheur ait encore une chance de préserver son unique condition : la vie.

Jean-Paul Sartre (1905 – 1980)

J'emmène avec moi cette idée pesante : nous sommes responsables du futur. Le bonheur réside aujourd'hui dans notre responsabilité de créer les conditions du bonheur de demain. L'espèce humaine peut donc disparaître ; serait-ce un si grand malheur ? Pourquoi faudrait-il conserver la vie ? Pourquoi la vie est-elle à ce point sacrée ? Pourquoi consacrer nos vies à la conservation celle-ci ? Quel est la place du bonheur dans ce devoir impératif de sauver l'avenir ? Je ne me sens ni malheureux ni heureux mais en mission et quelle mission ! De retour à Paris, je rencontre par hasard la compagne de Jean-Paul Sartre ; intéressée par ma démarche, elle m'introduit auprès de lui.

- Simone m'a dit votre recherche, je comprends qu'avec une telle quête vous ayez fait tant de chemin.
- Pensez-vous que chercher le bonheur soit utopique ?
- Chercher le bonheur n'est peut-être pas le bon objectif. Bonheur et malheur font partie indifféremment du réel et de la vie, pourquoi chercher quelque chose qui s'y trouve déjà ? Nous sommes confrontés à des situations qui se succèdent, dans chacune de celles-ci il y a une part de malheur et une part de bonheur, il convient de choisir l'une plutôt que l'autre.
- Encore faut-il savoir choisir !
- Encore faut-il savoir être libre !
- Qui peut nous l'apprendre ?
- Les circonstances auxquelles nous sommes confrontées. Elles seules nous constituent, nous définissent et nous apprennent. Nous sommes ce que les circonstances ont fait de nous et ce que nous avons fait des circonstances. Le bonheur, puisque c'est votre sujet, c'est, pour chaque situation, de faire un libre choix de s'y comporter.
- Qu'entendez-vous par « libre choix » ?

- Prenons l'exemple d'un ouvrier ; bien qu'il soit parfaitement conditionné à supporter sa condition par les pouvoirs qui l'exploitent, il lui reste toujours le choix possible de choisir la révolte ou la soumission, le bonheur ou le malheur.
- S'il est conditionné, il n'a aucun choix sinon celui de sa condition.
- L'émancipation de l'ouvrier ne viendra ni du ciel ni d'une idéologie ni d'un parti politique mais du choix qu'il fait et qui doit tendre vers le bonheur. La liberté est illimitée puisqu'elle s'exprime à chaque situation de la vie et s'exprime, pour chacune d'elle, par un choix.
- Il n'est pas dit que les choix conduisent au bonheur.
- Il est dit que l'absence de choix conduit au malheur. Ce n'est pas la faute qui est originelle mais la liberté. C'est cette liberté qu'il convient de manifester dans chaque situation. Nous pouvons par exemple avoir peur et faire le choix d'être peureux dans telle ou telle circonstance. La question est : la peur est-elle la bonne réponse à la situation ? Une autre question est : ai-je choisi la peur en toute liberté ?
- C'est la peur qui nous choisit.
- Elle nous choisit quand nous ne sommes pas libres. Il est plus simple d'avoir peur de l'enfer, une peur dont nous n'avons pas décidée puisqu'elle nous a été inculquée pour nous rappeler à l'ordre de notre essence divine.
- Vous avez dit que « l'existence précède l'essence ».
- Je veux dire que nous ne sommes qu'existants quand nous apparaissons dans ce monde et que notre essence se constitue tout au long de nos expériences. C'est un lourd fardeau pour l'Homme de se retrouver seul au monde, sans puissance transcendante, exclu de tout dessin divin. Nous ne sommes essentiellement rien et nous pouvons beaucoup parce que nous sommes libres.
- Cette liberté est-elle totale ?
- Elle l'est en effet et c'est ce qui est angoissant. Vous rendez-vous compte de la responsabilité qui nous incombe sachant que chacun de nos choix engage l'humanité toute entière même s'il parait dérisoir. Quand je choisis en tant qu'humain, je choisis pour l'humanité.

Comprenez-vous l'angoisse qui peut naître d'une telle conscience de sa responsabilité ; c'est probablement l'angoisse de la liberté. On peut préférer confier sa liberté à d'autres pour éviter cette angoisse.
- Qu'en est-il de ma liberté face à celle de l'autre ?
- Je ne peux ignorer la liberté de l'autre quand je cherche la mienne. Il n'est pas de liberté qui s'alimente de l'aliénation. Sa liberté et la mienne sont un seul et même but.
- On dit de vous que vous êtes désabusé.
- Je revendique cet adjectif, comprenez bien ce que ce mot signifie : je ne suis plus abusé.
- Par quoi avez-vous pu l'être ?
- Par les idéologies du salut. Etant désabusé, je suis libre. Connaissez-vous un plus grand bonheur que celui d'affirmer : « je suis libre » ? Connaissez-vous un plus grand bonheur, l'ayant dit, de faire de sa vie un destin ; de forger ce que vous êtes par des choix d'Être libre ?
- Votre engagement est-il votre pratique philosophique ?
- Bien sûr, vous pouvez faire le choix de vous taire devant les exactions des puissances coloniales ; vous pouvez faire le choix de vous taire face à l'aliénation des classes laborieuses ; vous pouvez donc vous taire devant l'oppression. Vous taisant, vous prenez la responsabilité du choix que vous faites et ainsi vous engagez l'humanité. Rappelez-vous, votre liberté et celle d'autrui ne sont qu'une seule et même finalité. Si j'ai refusé tous les honneurs c'est que je ne voulais perdre ma liberté. Le philosophe ne peut être neutre dans un monde qui ne l'est pas, la neutralité est un non-choix et le non-choix n'est pas la pratique de sa liberté.
- Pourquoi avez-vous dit « l'enfer c'est les autres » ?
- Combien de fois devrai-je répondre à cette question ?
- Veuillez m'excuser mais si les autres sont l'enfer, il convient de chercher le bonheur ailleurs.
- Comprenez bien ce que j'ai dit. Les autres sont l'enfer quand je me mets sous la coupe de leur jugement, quand j'emboîte leur pas pour satisfaire à leur morale, à leur pensée, à la conformité. L'enfer c'est les

autres quand j'abandonne ma liberté à leurs exigences, quand je ne suis pas libre de leur regard. Libre encore me direz-vous ! Libre encore oui, combien les jugements des autres nous contraignent ! Mais nous sommes libres de briser ces cercles vicieux et de sortir de l'enfer. Nous sommes libres. Nous ne changeons les actes que par d'autres actes : à un acte de répression il faut un acte de libération. C'est par l'acte que vous deviendrez ce que vous voulez être, cet acte est celui d'un homme libre. Dans cette liberté vous trouverez peut-être le bonheur, vous y rencontrerez le malheur ; vos choix seront déterminants. Il faut compter sur le désespoir, je veux dire l'absence d'espoir, faisons librement avec ce que le monde nous propose si nous le pouvons mais n'attendons rien du dehors. Je vous laisse sans espoir, désabusé donc libre. Trouvez-y le bonheur, il suffit pour cela que vous le vouliez.

Hannah Arendt (1906 - 1975)

Je quitte un philosophe praticien. J'ai beaucoup lu des philosophes du papier, ceux qui décortiquent, qui considèrent, qui postulent et s'écartent dans leur vie de ce qu'ils écrivent. Que penser par exemple d'un philosophe qui prône l'hédonisme avec un sérieux sans sourire ? J'ai trouvé chez Sartre un engagement, des contradictions, une pensée faite chair ; un homme philosophe. Quelque chose m'obstine dans ma quête des pensées sur le bonheur : le mal. Ce siècle plus qu'aucun autre en a été le témoin. Je profite du passage à Aberdeen pour rencontrer Hannah Arendt qui me reçoit à la suite de sa conférence.

- Je suis heureux de vous rencontrer, vous êtes la première femme avec qui j'ai un entretien.
- Pourquoi n'avez-vous pas croisé Olympes de Gouges, Germaine de Staël, Flora Tristan et tant d'autres ?
- Je n'en ai pas eu connaissance et je le regrette.
- Je vais donc tâcher de les représenter toutes même si cela m'apparaît impossible. Vous m'aviez dit que votre quête était le bonheur alors que vous voulez parler du mal, pensez-vous qu'il y ait un rapport ?
- Je ne sais, c'est une intuition.
- Nous allons donc voir ça.
- Permettez-moi de vous poser une première question : comment le mal arrive t-il ?
- Quand il n'est plus jugé comme tel. Le mal que j'ai connu et étudié - je parle du nazisme - n'a pas été considéré à sa juste mesure quand il est apparu. Nous étions pourtant dans un pays réputé cultivé ou culturellement élevé. Il semble que ça ne garantisse pas la justesse du jugement. Quand le mal n'est plus identifié ni dénoncé, il prend irréversiblement de l'ampleur.
- Comment expliquez-vous une telle défaite du jugement ?

- Le mal est hors normes si je puis dire, c'est-à-dire que les normes sur lesquelles reposent nos jugements ne sont plus adéquates. Nous sommes privés alors des repères habituels pour juger. Démuni face au mal, il peut nous séduire. Mais il préexistait une faiblesse générale : la majorité de la population ne disposait pas d'un jugement autonome, je veux dire qu'elle n'avait pas appris à juger par elle-même. Les valeurs et les codes moraux portés par cette majorité faisaient partie d'un héritage et adopté comme tel. Ceux qui n'ont pas collaboré sont ceux qui savaient forger leur jugement par eux-mêmes. Les valeurs et les codes moraux se sont vite effondrés parce qu'ils n'étaient pas incarnés. Finalement ceux qui ont cédé au chant de l'horreur n'ont fait que substituer un système de valeur à un autre.
- Est-ce l'autonomie du jugement dont vous parlez ?
- Oui, je veux dire que ceux qui ont adopté une morale ne l'ont pas construite, ce sont les mêmes souvent qui affirment avec force y tenir et ces mêmes qui la renient aussi vite. Ceux qui par contre, doutent, interrogent et s'interrogent, ceux-là élaborent un système qui leur est propre, ceux-là ne plient pas. Le mal est possible quand il n'y pas ou plus de pensée.
- Que voulez-vous dire ?
- La pensée est un flux et un reflux entre soi et soi, un dialogue fécond avec soi ; c'est autrement dit, entretenir une relation avec soi. C'est ce va et vient de l'esprit qui constitue la pensée. C'est cette pensée qui n'était plus et qui a laissé aller le mal. Privés de pensée, nous consentons au mal.
- Qu'entendez-vous par consentir ?
- Consentir c'est soutenir voire adhérer ou participer.
- Un régime totalitaire obtient l'obéissance.
- Non il obtient le consentement, il évite ainsi la désobéissance. S'ajoute à ce consentement une justification intellectuelle si l'on peut dire : « le moindre mal » ou « un mal pour un bien ». Le moindre mal est le mal sans équivoque. Quant au « mal pour un bien », le mal est certain et le bien une promesse faite par le mal ; qui peut le croire ? Si je vous dis ça

c'est que les ferments du nazisme n'ont pas disparu. Croyez-vous qu'il y ait encore de la pensée ?
- Je ne sais pas.
- Je vous demande d'observer le monde et vous y verrez des individus qui ne pensent pas ce qu'ils font, qui n'intègrent aucune considération morale ni dans l'action ni dans ses conséquences. Observez également l'exercice du pouvoir dans les pays démocratiques, y voyez-vous une recherche d'un bonheur partagé, d'un « vivre ensemble » heureux ? Y voyez-vous un espace public pour une parole publique ? Nous ne sommes pourtant pas dans l'incapacité de juger le monde comme il va et où il va. Le pire des dangers est l'indifférence. Il faut donc nous extraire définitivement des conditions qui font naître le mal. Posons-nous la question suivante : qu'est-ce qui fait qu'un homme est un homme ?
- Je vous laisse répondre à votre question.
- Je vois trois critères qui sont inhérents au genre humain : le travail, l'œuvre et l'action. Le travail parce qu'il est la condition de la survie de l'Homme, l'œuvre parce qu'elle est la condition du déploiement de l'esprit de l'Homme, l'action qui est la condition nécessaire pour conduire les affaires de la cité : l'action politique. Nous voyons déjà comme le travail a pris le pas sur les deux autres critères avec le danger que cela représente.
- Quel danger ?
- La privation de liberté. Souvenez de l'emploi répété du mot « travail » par les propagandes des régimes totalitaires. La création d'une œuvre voilà la vraie liberté, voilà pourquoi les pouvoirs s'en méfient et qu'ils censurent.
- Qu'appelez-vous action politique ?
- L'action collective et non pas de masse, c'est-à-dire l'action d'un « nous » issu de la pluralité. La politique est l'expression de la pluralité, le totalitarisme est sa disparition. Le bonheur est d'abord public, voulu par le peuple, construit par lui. Il s'agit de ne plus abandonner sa parole à d'autres. Parler librement est un acte politique majeur. Alors oui, le

bonheur est avant tout dépendant de notre capacité à penser la réalité, à l'interroger et l'influencer. La pensée est déterminante dans la façon dont nous voulons vivre ensemble avec notre pluralité et dans notre refus à être massifiés. Vous avez compris que la pensée est pour moi essentielle au discernement. C'est pourquoi le premier apprentissage de l'humain devrait porter sur la pensée : penser par soi-même voilà la condition du bonheur du monde. Je vois cependant un danger émergent que j'ai évoqué : la massification des goûts, des modes de vie, des comportements, du travail ; la pluralité est à nouveau en voie de disparition et il n'est pas besoin de vous dire que le mal peut en faire son miel. Passivité, docilité sont de nouveau à l'œuvre et les peuples perdent leur pouvoir d'agir. Je ne vois rien d'heureux dans le spectacle de ce monde. Je vous conseille de ne pas relâcher votre jugement sur ce qui arrive et je vous souhaite d'avoir le courage de porter par la parole ce qui fut silencieux autrefois et nous conduisit à l'anéantissement.

Simone Weil (1909 - 1943)

Les années sombres m'ont transporté à Londres puis Ashford pour y trouver une alternative à une fatalité bottée. Un saut dans le temps entre Hannah Arendt et Simone Weil, entre les leçons de l'histoire et son déroulement. Je ne pensais pas rencontrer un personnage hors du commun ; une femme dotée d'une puissance qu'elle tenait sans doute de sa foi, de sa colère, de son désir de justice. En m'approchant de Simone Weil, je n'étais plus ce vieux voyageur bardé de savoirs mais un jeune enfant, vierge de toute idée sur le bonheur, un mendiant de quelques joies qui paraissaient se loger dans le regard de cette femme ô combien vivante. Perdu dans ses yeux, les mots m'ont manqué.

- Vous vouliez me parler du bonheur, par où voulez-vous que nous commencions ?
- Je l'ai su avant de vous rencontrer, je ne sais plus. Que pouvez-vous me dire qui puisse m'enseigner ?
- Que le bonheur est chose terrestre. Il est donc incomplet, contingent et éphémère. Je lui préfère la compassion qui aime le bonheur comme le malheur. Notre réflexion ne peut porter sur le bonheur au risque de nous contraindre. Je vous propose de parler de la liberté qui porte tous les rêves dont celui du bonheur. Il s'agit non pas de rêver la liberté mais d'en faire un idéal.
- Quelle différence faites-vous entre rêve et idéal ?
- L'idéal a à voir avec le réel, le rêve non. Il ne s'agit évidemment pas de s'affranchir des contraintes de la nature, ce serait un rêve. La liberté ne consiste pas davantage à être soumis à des caprices d'Homme libre. La liberté n'est pas une absence de nécessité.
- Qu'est-ce donc ?
- La liberté est une continuité entre une pensée et un acte ; autrement dit, quand l'action de l'Homme procède exclusivement de sa pensée.

Prenons l'exemple d'un problème mathématique : le problème est là, il n'entrave pas notre liberté, il est la nécessité. La liberté réside dans le choix parmi les solutions possibles et leur mise en œuvre.
- Que faites-vous du hasard ?
- Penser l'action c'est faire peu de place au hasard. C'est dans cette continuité libre que réside la joie ; la joie de l'accomplissement. Voyez-vous, plutôt que du bonheur, nous parlerons de la joie ; la joie d'être, la joie de faire, la joie au monde. Si nous agissons c'est dans le but d'une plus grande perfection, cette finalité procure de la joie. J'ai trouvé de la joie entre bonheur et malheur dans l'action résolue à lutter contre les oppressions pour que la joie soit possible.
- Quelles sont les origines de l'oppression ?
- Il y a une curieuse relation entre deux phénomènes : plus l'Homme tente de s'extraire des contraintes produites par la nature, plus l'oppression sociale s'accroît. Quelle différence y a-t-il entre cet homme d'un autre temps, sujet aux caprices de la nature, asservi à sa puissance et cet homme d'aujourd'hui sujet aux caprices des pouvoirs, asservi à eux ? Ce qui fait ployer ses genoux est simplement différent mais ils ploient.
- Pourquoi ?
- Parce que nous acceptons les progrès sans en connaître ni le prix ni l'échéance. Imaginez que vous retourniez à l'état primitif, ce qui vous fera agir est la faim, le besoin d'un abri et autres buts pour vous tenir en vie. Le résultat est immédiat, le gibier que vous prenez à la chasse satisfait immédiatement votre faim et la peine que vous vous êtes donné en est le prix. Observez le travail aujourd'hui, la peine est immédiate mais le but n'est pas perceptible. S'ajoute le poids hiérarchique de ceux qui commandent et qui ne ressentent aucune peine puisqu'elle est supportée par ceux qui sont commandés. La lutte n'est plus contre la nature pour y survivre mais pour le pouvoir afin d'y accéder. Il semble, voyez-vous, que la servitude de l'Homme soit dans sa nature.
- En êtes-vous sûre ?

- Non bien sûr ! Il n'en reste pas moins que la principale source de l'oppression est l'Homme lui-même. S'il fut un temps où les hommes coopéraient pour assurer leur survie, aujourd'hui les oppressés quémandent leur survie auprès des oppresseurs sans pouvoir les identifier tant les niveaux de hiérarchies sont importants et peu accessibles. L'oppression n'a pas de visage ; c'est le règne de l'arbitraire. C'est toute la puissance de l'oppression : son anonymat. Où peut-on trouver un bonheur quelconque dans cette organisation sociale ?
- Le bonheur est-il seulement possible dans une organisation sociale ?
- Je le pense. Qu'est-ce qui vous rend heureux en société ?
- L'échange, la discussion, la réflexion les débats, la coopération. Si je devais résumer : faire avec l'autre.
- Il faut donc trouver les conditions sociales de la coopération. Il s'agit de changer le mode de relation et d'en extraire la prédation. Imaginez un assemblement libre d'ouvriers pour construire une maison où les problèmes seraient affrontés collectivement. Imaginez l'entraide spontanée qui survient souvent quand il s'agit d'achever une œuvre. Nous avons dit que nous devions passer de la prédation à la coopération, de la même manière, nous devons passer de la production au travail. C'est dans le travail que le sens d'une vie prend forme. Ainsi, les rapports sociaux sont directement issus de la coopération ; ainsi, plus d'oppresseurs ni d'opprimés, ainsi, l'Homme devient l'auteur de sa vie et je suppose que c'est un grand bonheur.
- N'est-ce pas utopique ?
- Bien sûr que c'est une utopie. Si nos sociétés inclinaient leur organisation vers cette utopie, elles s'en porteraient mieux vous ne croyez pas ? Mais il semble que, pour longtemps encore, l'oppression reste le modèle social. Il faudra pour les générations qui viennent repérer dans la noirceur les lumières nécessaires à l'émancipation des hommes. Il faudra trouver dans chaque malheur un début de bonheur. Les technologies et leur développement peuvent être une source d'angoisse mais aussi de bien-être. Nous devrons nous livrer à une analyse critique de tout ce qui concourt à l'oppression et en changer

l'emploi. Si l'esprit est emporté par une irrésistible marche vers un progrès oppressif, alors l'esprit devra arrêter le temps pour enfin comprendre vers quoi il marche. Nous ne pouvons nous dispenser de dénoncer l'oppression, d'exiger un bonheur social et de mettre fin à tout ce qui l'empêche d'apparaître.
- Qu'est-ce qu'un bonheur social ?
- Une organisation sociale qui prend en compte les besoins vitaux de chaque Homme. J'appelle besoins vitaux, les besoins du corps et de l'âme. Ces besoins créent une obligation sociale ; le bonheur social est la parfaite correspondance entre besoin et obligation. Je vous laisse à votre voyage. Patientez un temps encore en Angleterre, les noirceurs continentales risquent de durer. N'oubliez pas que le bonheur n'est pas qu'individuel, il serait dans ce cas incomplet.

Jacques Ellul (1912 – 1994)

J'ai appris la mort de Simone Weil peut de temps après mon départ d'Angleterre. Si j'avais pu hurler là où j'étais... Un peu de moi avait quitté ce monde. Je sentais comme une injustice dans cette disparition sachant qu'il n'y en avait aucune. J'aurais tant voulu être à ses côtés, l'aider un vivre un peu encore. Le chagrin brouille mes pensées. Il m'a fallu quelques années pour reprendre mon chemin. Je suis en route pour Bordeaux et suis impatient de rencontrer Jacques Ellul. Notre entretien préalable s'est avéré prometteur.

- Merci de m'accueillir chez vous. Que pouvez-vous m'enseigner sur le bonheur ?
- Il s'agit d'abord de savoir ce que vous entendez par bonheur.
- Je parle d'un état intérieur et de son expression.
- Notre société ne donne pas la même définition au mot bonheur. Elle parle de niveau de vie, de pouvoir d'achat pour décrire un bien-être matériel permettant d'accéder au bonheur. En d'autres termes il faut produire des biens pour acquérir des biens. L'idéologie dominante nous fait croire que ce cercle vicieux est le bonheur. Dorénavant il n'y a plus aucune différence entre bien-être et bonheur. Le bien-être n'est pas stable comme le bonheur, il doit être entretenu par une croissance de l'acquisition de produits d'où l'idée de la croissance éternelle comme moteur du bien-être. Voyez comment l'on fait une vérité d'une idiotie au nom du bonheur.
- Vous voulez dire que le bonheur est une idéologie.
- C'est ce que je veux dire. Dans un premier temps le mot est perverti puisqu'assimilé au bien-être et dans un deuxième temps il alimente le discours des classes dominantes puis dans un troisième temps il est utilisé au service des intérêts marchands. Comment provoquer cette croissance au nom du bien-être ? Par la propagande que d'aucuns

appellent la publicité. Il s'agit de créer un mal-être par l'invention d'un besoin non satisfait. Pour satisfaire ce nouveau besoin l'Homme doit travailler même s'il ne peut accéder à tous les besoins. Le travail devient une valeur incontestable et incontesté puisqu'il contribue au bien-être c'est-à-dire au bonheur. Habile de la part des propriétaires de moyens de production vous ne trouvez pas ?
- Mais le travail est de moins en moins pénible.
- Certes mais il devient de plus en plus abstrait, insensé et tout aussi aliénant. Le sacrifice fait au travail trouve sa récompense dans la promesse d'un bien-être avec comme finalité lointaine un bonheur dont on ne sait ce qu'il peut être. Le procédé n'est pas nouveau il fut employé par les soviétiques et les religions.
- Comment cela ?
- Les soviétiques réclamaient une abnégation au peuple pour accéder à un bonheur communiste à venir. Les religions, monothéistes particulièrement, promettent un paradis au-delà contre une acceptation de sa condition ici-bas. Le capitalisme promet un bonheur consommé contre une vie de travail célébrée comme réalisation de toute vie. Aujourd'hui l'horizon du bonheur est le sentiment provisoire d'être repus.
- Le bien-être est donc une représentation contemporaine du bonheur.
- Exactement ! Le bonheur serait-il le délassement, la distraction ? Le bonheur résiderait-il dans l'acquisition, la prédation dite consommation ? Serait-il une sorte de passivité, un évitement des contraintes, une irresponsabilité totale quant à son destin ? Cela semble être aujourd'hui une définition adéquate du bonheur et l'ensemble de la collectivité déploie des efforts gigantesques au travail pour accéder à ce bonheur-là. N'y voyez-vous pas l'idéologie rampante du capitalisme qui permet ainsi d'obtenir de la collectivité une abnégation au travail au seul profit du capital. La finalité d'une vie de labeur se résume à l'acquisition d'un confort. Ce que j'appelle le Bourgeois a universalisé ses valeurs et les propose comme indépassables.
- De quoi se compose l'idéologie du bonheur ?

- Elle peut s'énoncer en deux points : faire et croire. « Faire » car c'est le moyen exclusif pour changer le réel. La pensée n'a aucune utilité si elle n'est pas immédiatement transformable en actions. « Croire » dans le progrès économique c'est-à-dire dans une croissance de l'accumulation ; pour le dire autrement et en résumé : « faire » pour que ça augmente. Ecoutez les experts autour de vous dire « sans croissance point de salut ». Le bonheur proposé sous forme de confort n'est plus vécu et je reprends ici votre première question : rien n'est intérieur et rien ne s'exprime.
- L'Homme prend-il conscience de ce néant ?
- Non puisqu'il croit que ce néant le mènera au bonheur. S'il avait un temps soit peu conscience pensez-vous qu'il irait sacrifier sa vie à produire des objets ?
- Certains se révoltent.
- Oui mais quelle est la revendication ?
- Consommer plus ?
- En effet, l'Homme revendique plus d'aliénation. Les individus sont-ils heureux ? Se poser la question est subversif, cela conduirait irrémédiablement à regarder la réalité de l'idéologie du bonheur et le risque d'effondrement du système serait grand.
- Aucun système ne peut éviter à chacun de se poser cette question ?
- Certes mais un système peut distraire l'Homme de cette question. Depuis longtemps, le pain et les jeux suffisent, transformant l'horreur du réel en virtuel acceptable. Et puis la propagande qui se déverse sur les cerveaux inattentifs prônant le système production-consommation comme le seul possible à offrir le bonheur. Et si, quelques dissonances se faisaient entendre, le système détourne, digère, assimile, pervertit ce qui représente un danger pour lui : faire d'une révolution un produit, faire de Che Guevara un vêtement, faire d'un contestataire une vedette de la télévision, faire d'une idée révolutionnaire un best-seller.
- Dans ce monde point de bonheur possible donc.
- Hors de ce monde tous les bonheurs possibles. Pour sortir de ce monde il n'est pas besoin de vaisseaux spatiaux mais simplement une

connaissance des systèmes d'oppression et la décision de ne plus s'y soumettre. Il convient de renoncer au droit au bonheur.
- Comment cela ?
- Si le bonheur est un droit, c'est ce que dit le système bourgeois, alors il dépend du législateur. Si vous réclamez le bonheur c'est bien auprès de quelqu'un, c'est donc ce quelqu'un qui détient votre bonheur ; cela s'appelle l'aliénation. Pensez-vous que le bonheur soit une prestation sociale ? L'idéologie du bonheur a dénaturé le sens de la vie et je ne sais si c'est définitif. Vous qui semblez traverser le temps vous saurez ce qu'il adviendra de ce néant mortifère.

Albert Camus (1913 – 1960)

L'Europe est séparée par un mur, les empires coloniaux se délitent. Certaines plaies se ferment quand d'autres s'ouvrent. Ce qui était source d'espérance s'avère cauchemardesque. Les penseurs se perdent pour ne pas « désespérer Billancourt ». Le nouveau monde se construit sur l'ancien. Si le sens du monde est la répétition de l'horreur, à quoi sert-il de chercher le bonheur ? Et si l'Homme n'était pas fait pour le bonheur ? Et si le bonheur n'était qu'une de ces échappées folles de l'esprit pour trouver un peu de répit à l'absurdité ? Je décide de partir en Provence pour y rencontrer Albert Camus qui pourrait m'apprendre à accepter l'absurdité. Y trouverai-je le bonheur ?

- Merci de me recevoir.
- J'aime goûter avec quelqu'un ces paysages provençaux. Sentez cet air apaisant, touchez cette chaleur qui repose le monde ; nous savons ainsi que nous sommes au monde. J'avoue avoir oublié l'objet de votre visite.
- Le bonheur.
- Je ne sais trop quoi vous dire, le sujet est abrupt. Ne sentez-vous pas le bonheur en ce moment ?
- Je sens le bien-être.
- Cela suffit au bonheur. Cela vous prouve votre existence et rien de plus. Notre seul bien est ce corps qui sent et nous en serons dépossédés. Prenez plaisir à cet instant qui déjà s'écoule.
- Pourquoi parlez-vous de l'absurde dans vos livres ?
- Parce que je ne vois rien qui ne le soit pas. N'est-ce pas absurde de vivre dans un cadavre ?

- De quel cadavre parlez-vous ?
- Du corps. N'est-ce pas absurde de vivre sans raison ?
- Croyez-vous que nous n'ayons aucune raison de vivre ?
- Nous inventons des raisons de vivre mais que pèsent-elles face à la mort ?
- Voulez-vous dire que notre vie n'a aucun sens ?
- Notre vie est insensée en effet.
- Le monde ne recèle-t-il pas un sens caché ?
- S'il est caché en quoi sert-il l'Homme ? La finalité de l'Homme c'est l'Homme. Si le monde poursuit une finalité, elle nous échappe et s'il n'en poursuit aucune qu'est ce que cela change ?
- Qu'est-ce qui nous pousse à exister ?
- A vivre l'absurde. Regardez autour de vous et cueillez les senteurs douces, les bruissements soyeux, les lumières ombrées ; cela n'a aucun sens mais quel bonheur !
- Le bonheur des sens ?
- Le bonheur d'un présent qui n'aspire pas à l'éternité. Prenons l'exemple de votre quête, elle durera tant que vous durerez, elle est probablement source de bonheur pour ce temps qu'est votre vie. En attendez-vous autre chose ?
- Oui, une connaissance du bonheur que je laisserai à la postérité.
- Que voulez-vous laisser au monde ? Une connaissance définitive du bonheur ? Je vais vous dire ce qui fait notre malheur : le monde est irrationnel et obscure et nous voudrions qu'il soit clair. Si le monde est absurde, notre relation à lui l'est tout autant. Le malheur réside dans toutes les tentatives de résoudre l'absurdité. Vivre avec l'absurdité, voilà le bonheur.
- Que voulez-vous dire par « résoudre l'absurdité » ?
- Nous avons deux façons d'échapper à l'absurdité : le suicide et l'espoir, dans les deux cas nous échappons au monde.
- Il s'agit donc d'accepter le monde tel qu'il est.

- Il s'agit d'accepter l'absurdité du monde sans pour autant l'accepter tel qu'il est. Se taire face au mal par exemple c'est se départir de son jugement et c'est ne plus rien vouloir ni pour soi ni pour les autres. L'absurdité ne peut être un prétexte à l'abandon.
- Que faudrait-il préserver dans un monde absurde ?
- C'est à vous de répondre à cette question. Que le monde soit absurde, que notre temps soit limité, que faut-il combattre malgré tout ? Ne vous battriez-vous pas contre toutes les oppressions qui nous empêcheraient d'être sur cette terrasse pour y partager une heureuse conversation ? Ne combattreriez-vous pas les oppressions qui interdiraient ces moments de bonheur pour vous et pour les autres ? L'absurdité de la vie ne nie pas sa dignité et n'interdit pas le bonheur. Si le monde est silencieux à nos questions, l'homme ne peut rester sans voix. Nous sommes appelés à nous révolter et consentir parfois au sacrifice et dans le même temps répondre aux exigences du bonheur.
- Qu'est-ce que le bonheur ?
- Le bonheur, c'est sauver l'Homme. Je veux dire que le bonheur est de ne pas baisser le front devant l'injustice et de s'en trouver heureux.
- La révolte donne-t-elle un sens à la vie ?
- Non, elle sauve l'Homme, elle sauve donc une chance de bonheur. Une vie qui n'a pas de sens est d'abord une vie. Voyez-vous, depuis que nous parlons, nous avons mis en œuvre les conditions du bonheur : la douceur de cette fin de journée et la tendresse de cette nature du midi. Ce bonheur ne suffit pas s'il ne peut être accessible à d'autres sous d'autres formes sans doute. Il y a cependant une condition au dessus de celles-ci : la vie. Ce que nous vivons en ce moment passe par le corps, il faut donc qu'il y ait un corps pour que le bonheur soit possible. C'est le fond de notre conversation : la préservation des corps d'où la nécessaire révolte quand ceux-ci sont menacés.
- Si les corps sont la condition du bonheur ils ne suffisent pas.
- En effet, le corps est l'instrument de la conquête du bonheur, une arme contre le destin non choisi. Il se pourrait que nous trouvions un bonheur dans les pires conditions, je pense à la guerre par exemple ; l'idée est

que nous fassions corps avec ce qui arrive pour ne pas en être écartés et ainsi s'écarter des bonheurs possibles. Avez-vous déjà vu le bonheur sur un visage ?
- Oui.
- Qu'avez-vous pensé ?
- J'ai pensé le voir sur d'autres visages encore.
- C'est bien cela, le bonheur est notre bien commun, partageons-le et illuminons les visages du malheur. Nous devons apprendre à consentir aux beautés du monde ; j'ai des images qui ne me quittent pas et qui, quand elles me reviennent, me donnent un bonheur toujours là. Il s'agit de peu : un ciel bleu, une mer roulant sur les galets comme un accord entre moi et le monde. Le bonheur est dans l'accord avec ce qu'il y a et ce qui est mais aussi un accord avec l'autre puisque nous sommes condamnés à vivre ensemble et enfin un accord avec soi c'est-à-dire entre ce que nous sommes et l'existence que nous menons. Le bonheur est-il accessible ? Comment répondre à cette question ? Tendre vers le bonheur est le début. Puisque ce qui fait que la vie vaut sont les bonheurs précaires comme celui-ci, je vous propose de poursuivre autour d'un verre de vin rosé puis nous nous quitterons car je dois rejoindre Paris.

John Rawls (1921 – 2002)

Ma quête serait-elle absurde ? Et quand bien même ! Elle fait corps avec le monde ce qui la rend moins absurde. Si donc le monde est insensé y-a-t'il un penseur qui voudrait lui donner du sens ? Je décide de traverser l'Atlantique pour me rendre à Lexington et y rencontrer John Rawls qui a une idée du bonheur pour tous quelque peu différente si j'ai bien compris ses enseignements.

- Je suis heureux de vous rencontrer pour échanger avec vous sur le bonheur
- C'est un honneur de rencontrer un voyageur qui a non seulement parcouru l'espace mais aussi le temps. Comment voulez-vous que nous procédions ?
- Je vous propose une première question et nous verrons.
- Cela me convient.
- Que pensez-vous de cette finalité : le bonheur pour le plus grand nombre ?
- Je pense immédiatement au petit nombre. Je veux dire que si le bonheur est pour le plus grand nombre, le petit nombre est exclu. Dans ce cas, le bonheur du plus grand nombre réclame le sacrifice du plus petit.
- Le bonheur est-il possible pour tous ?
- Les conditions ne s'y prêtent pas je vous l'accorde, comment en effet concevoir une société juste dont les membres seraient égaux sachant qu'ils sont partagés par des croyances et des idées parfois irréconciliables ? Dans ma conception des choses, il ne peut y avoir de bonheur pour tous si un seul en est démuni. C'est pourquoi je m'intéresse aux conditions du bonheur qui n'exigent pas un sacrifice. Pour illustrer mon propos, je vais vous raconter une histoire extraite d'un roman de William Styron : « Le choix de Sophie ». Sophie se retrouve déportée à Auschwitz avec ses deus enfants. Un officier nazi demande à Sophie de choisir parmi ses deux enfants celui qui ira dans

les chambres à gaz. Si Sophie ne choisit pas, les deux enfants mourront. La question qui nous est posée est : que devons-nous sacrifier ? Bonheur et sacrifice sont incompatibles.
- Quelles sont les conditions du bonheur ?
- Je n'en vois qu'une : la justice ; d'après moi, c'est la justice qui fait le bien et non l'inverse. Cette justice est un point équitable entre la liberté et l'égalité. L'idée est que la liberté soit également accessible à tous ou, autrement dit, que la liberté soit la même pour tous. Il ne s'agit pas de garantir l'égalité de tous mais l'égalité de la liberté pour tous. En ce sens il faut chercher une liberté pour l'un qui soit compatible avec celle de l'autre.
- Et l'égalité des chances ?
- C'est le fondement même de l'égalité.
- Cela ne garantit pas l'égalité des êtres.
- Cette égalité n'existe pas, mais si vous donnez à chacun une chance égale d'accéder à une haute fonction par exemple, ça ne peut garantir que chacun y accédera et comment le garantir ?
- Que faites-vous des inégalités sociales par exemple ?
- Si ces inégalités profitent à ceux qui sont le plus désavantagés pourquoi vouloir les supprimer ? Si un chef fait profiter son orchestre de sa renommée et de son talent pourquoi son traitement devrait-il être diminué ? Ce serait une atteinte à la liberté du chef et aux conditions du bonheur de l'ensemble de l'orchestre. Toutefois, l'inégalité n'est pas admissible si elle dénigre la valeur des individus et leur dignité. Voilà donc ce que j'appelle justice et voilà ce que je crois être les conditions du bonheur.
- Comment fonder cette justice du bonheur ?
- Il faut contracter, il faut élaborer un contrat social.
- Cela semble impossible ; les intérêts des uns et des autres sont tellement divergents.
- Oui et c'est pour cette raison que je propose de poser le voile de l'ignorance sur ceux qui seront chargé du contrat. Ils seraient ainsi ignorants de leur condition, de leur position, de leurs qualités et

ignoreraient les enjeux politiques économiques et sociaux. L'ignorance annihile l'intérêt personnel qui se confond alors avec l'intérêt général, chacun se retrouve dans une position originelle. En raisonnant sans repères, chacun dans cette hypothèse raisonne avec une totale neutralité et réfléchit aux meilleures conditions du bonheur pour soi et donc pour les autres.
- Pourquoi cela ?
- Parce que le raisonnement s'est extrait de l'intérêt particulier du fait de l'ignorance. Après délibération, cette assemblée aboutirait aux principes de justice que j'ai énoncés.
- Comment le bonheur est-il assuré ?
- Il suffit de l'évaluer à l'aune de ceux qui en ont le moins pour connaître l'état de bonheur de la société. D'une manière générale, le bonheur c'est vivre ensemble dans une société réglée par une justice élaborée par l'ensemble. Cela exige quelques principes simples.
- Lesquels ?
- Que chacun connaisse les règles sociales, que chacun les accepte, que chacun pratique la justice. Vous le voyez, il s'agit là encore d'éducation. Les conditions du bonheur étant réalisées, chaque individu peut construire sa vie comme il l'entend, égalité des chances et liberté permettant l'aboutissement de chaque projet de vie.
- Votre notion du bonheur semble très raisonnable ?
- Je ne sais comment vous utilisez ce mot.
- Je veux dire que le bonheur que vous décrivez est peu enthousiasmant, il procède de système et me semble sans chair humaine.
- Quand on décrit les conditions qui permettent le bonheur on ne cherche pas l'enthousiasme mais le bonheur. Quant à la chair humaine, qui peut en rendre compte par la théorie, la parole ou l'écrit. Je ne suis pas poète comme vous semblez me le faire remarquer. Le bonheur est une expérience, il n'est pas décrétable. Je n'ai pas la prétention de vous apporter le bonheur mais mon intention est de réfléchir avec vous avec ou sans enthousiasme.

- Pardonnez-moi si j'ai pu vous blesser mais ma question portait sur le bonheur comme étant issu d'un système.
- Je vous avais compris et vous ne m'avez pas blessé. Nous vivons en société et c'est en elle qu'il faut trouver les conditions du bonheur. Créer un bonheur commun entre des individus divergents n'est pas chose simple ; il convient de faire vivre la solidarité avec la liberté individuelle, les religions entre elles et avec les athées, les opinions politiques des uns et des autres. Tout cela n'est pas réconciliable et il faut y trouver du bonheur. Je pense qu'un projet commun, supérieur aux intérêts particuliers est la voie pour un bonheur à l'œuvre. Comprenez bien ma pensée : la justice précède le bien et le bien précède le bonheur. Je vous laisse peu enthousiaste mais tout à mon bonheur de vous avoir rencontré. Ne perdez pas de vue que nous vivons ensemble et c'est seulement ensemble que nous instaurerons le bonheur.

Pierre Hadot (1922 – 2010)

Jacques Ellul quoique sombre dans son propos avait ouvert des possibles au bonheur, John Rawls me laisse dans un grand désarroi, le bonheur serait issu d'un processus administratif et contractuel ; s'agit-il d'un bonheur administré ? Où se sont perdus ces états intérieurs qui nous font aimer le monde et la vie ? Comment trouver un quelconque bonheur dans une procédure règlementaire ? Je n'ai sûrement pas compris ce grand philosophe. Il me faut un peu de fraicheur et de simplicité. Je prends rendez-vous avec Pierre Hadot qui me semble la personne à voir quand l'humeur est maussade.

- Bonjour Monsieur Hadot, je vous remercie de m'accueillir pour quelques instants. Comme je vous l'avais indiqué, mes questions portent sur le bonheur.
- J'ai bien compris votre quête. Je dois d'abord vous dire ma compréhension du bonheur avant que nous poursuivions.
- Bien entendu.
- Le bonheur, c'est la bonne heure ; dit autrement, le bonheur consiste à trouver la bonne heure. Le bonheur est donc tout entier dans le présent. Le bonheur est disponible pour nous deux en ce moment et c'est un bonheur d'en parler. Pour cela il faut consentir joyeusement à l'existence.
- Comment ?
- Il faut d'abord préférer *Memento vivere* à *Memento mori*
- Que voulez-vous dire ?
- Je veux dire que c'est dans la vie que se trouve le bonheur. Et dans cette vie, c'est dans ce qui se présente qu'il convient d'aller le chercher. Il faut me semble-t-il se séparer de soi-même c'est-à-dire se séparer du passé et du futur, se séparer des autres, des explications de ce qui est ; bref se séparer de ce qui sépare la conscience de l'instant ; chasser les nuages pour laisser apparaître le soleil.

- Comment faites-vous ?
- Quand je prends ce verre d'eau par exemple, j'ai dans ma conscience une seule chose : je prends ce verre d'eau. Je n'ai pas l'idée qu'elle puisse me rafraichir ou l'idée passée qu'elle a eu un mauvais goût. Je suis là pleinement ce qui est faux puisque je vous parle. Un exercice consiste à décrire pendant quelques instants toutes les tâches que nous faisons sans y penser. Je prends ma brosse à dents, j'y pose un morceau de dentifrice, etc. Voyez-vous, le bonheur se trouve dans ce temps disponible où vous êtes conscient donc libre. Vous n'êtes pas libre quand vous n'êtes pas présent. Etre-là à la bonne heure.
- Voulez-vous dire que seul le temps présent nous appartient ?
- Imaginez, ce que je ne souhaite pas, que vous soyez distrait parce que préoccupé par un souvenir ou par un événement à venir, pensez-vous que vous écouteriez encore ce que je dis.
- Non ou partiellement.
- Il en est de même pour la vie, ne pas être là ce n'est pas être en vie mais seulement vivant. La distraction nous sépare de l'instant nous rend aveugle sur ce qui pourrait faire notre bonheur. Tenez, goûtez ce vin en pensant à la mort d'un soldat dans une guerre quelconque puis goutez-le en pensant que vous le goutez et tentez d'y trouver ses saveurs. Avez-vous constaté une différence ?
- Indéniablement. La première gorgée me fut indifférente, la seconde fut un bonheur.
- Le bonheur est une pratique. Il ne vient pas d'ailleurs, il ne nous est pas dispensé par une puissance ou un hasard chanceux. J'ai une question à vous poser, ressentez-vous parfois de la nostalgie ?
- Parfois oui.
- Que ressentez-vous dans ces moments-là ?
- Le regret d'un monde perdu, un rejet de celui dans lequel je suis.
- Si vous rejetez le monde présent vous ne pouvez pas trouver le bonheur et pas davantage dans le monde regretté puisqu'il n'est plus. Le bonheur est une disposition de l'esprit à l'endroit du monde. Jetez un regard nouveau sur ce monde et vous verrez s'il est comme vous le pensez.

- C'est un peu faire comme si l'on venait de naître.
- En effet. Mais il est une autre habitude qui nous sépare du bonheur c'est de désirer des choses qui ne sont pas atteignables parce que situées dans le future ou laissées dans le passé. Tendus vers ces désirs impossibles, nous en oublions les plaisirs accessibles dans l'instant.
- Ce que vous proposez, c'est d'apprendre à vivre.
- Apprendre à être éveillés pour entendre les questions que nous posent la vie et ainsi répondre par la présence.
- Comment entendre les questions de la vie ?
- En ne réduisant pas le monde à ce que nous sommes. Nous regardons les choses comme nous sommes et de là où nous sommes. En effet, le monde nous déborde et notre habitude est de le réduire pour éviter ce débordement. Nous vivons ainsi dans un monde réduit à notre conscience et à notre compréhension ; j'ignore ce que je ne comprends pas ou n'aime pas. Faites l'expérience de visiter un musée d'art contemporain et constatez combien d'œuvres vous allez ignorer parce que vous ne comprenez pas ou que vous n'aimez pas.
- Vous dites aussi que nous regardons le monde de là où nous sommes.
- Ce siècle a vu une révolution ; pour la première fois l'Homme a vu sa planète de l'extérieur. L'aventure lunaire nous a extrait de notre point de vue de terrien, la prise de conscience fut brutale : un petite boule bleue, un monde fini, un tout petit bout de matière dans l'espace. Là où nous sommes change notre point de vue, plus le lieu de l'observation est « haut », plus le point de vue est large et plus les choses sont ce qu'elles sont. Le bonheur a à voir avec le regard que nous portons sur les choses et donc sur la relation que nous avons avec elles. Il faut donc trouver le bon regard, à la bonne distance, dans le bon temps, à la bonne heure.
- Être présent à l'instant, voir le monde et se laisser déborder par lui, adopter une vision haute ; tout cela n'empêche pas la souffrance.
- Cela empêche toutes les souffrances liées aux mauvaises réponses que nous faisons aux questions de la vie. Cela n'empêche pas la douleur physique mais lui donne une place sans que pour autant il ne faille pas

la soigner. Le bonheur finalement est une célébration de l'existence, les dissonances de ce monde sont musicales. Le bonheur est une bonne résolution qu'il convient de prendre et une pratique à laquelle il convient de s'exercer pour que vous n'ayez pas à gâcher la première gorgée de vin. Je vous remercie de la qualité de votre présence qui fut pour moi un bonheur. Soyez à ce que vous êtes et vous serez à ce que vous faites.

L'auteur

Cette rencontre avec Pierre Hadot fut la dernière, le bonheur a disparu de la philosophie de ce début de siècle. Elle se fait appeler « philosophie analytique » curieux oxymore. Il semble que les philosophes d'aujourd'hui abusent des mots et je les suspecte d'abuser notre entendement. Bien sûr je pourrais aller à la rencontre des philosophes vivants mais ils sont bien moins accessibles que les morts et puis ils n'ont pas la sagesse des disparus. Pourquoi les disparus auraient-ils plus de sagesse ? Parce qu'ils ne parlent plus. J'ai bien envisagé de rencontrer Jésus, Bouddha et Mahomet mais s'ils connaissaient le bonheur le monde se porterait mieux. Et puis je me suis soudainement senti très las. Il me restait à m'entretenir avec moi après ce long périple. Je me suis donné rendez-vous chez moi, c'était le plus simple. Je me suis fait un café que je me suis proposé et que j'ai accepté avec plaisir. Lors de ma prise de rendez-vous avec moi-même, je m'étais proposé de parler du bonheur et j'acceptais bien volontiers. Me voilà avec moi bien intimidé... je me décide à me poser une question.

- Qu'as-tu retenu de ce voyage ?
- Je ne sais pas, la question est étroite pour rendre compte de la richesse de toutes ces rencontres. C'est une question de journalistes, pourquoi ne pas m'avoir demandé mes impressions comme on demande aux sportifs après une compétition ? Veux-tu recommencer ?
- Je vais te la poser autrement, connais-tu le bonheur ?
- Chaque rencontre fut un bonheur même si certaines me fâchèrent. Quant au bonheur, est-il connaissable ?
- As-tu au moins une idée du bonheur ?
- Je pense qu'il y a deux approches : ou nous trouvons le bonheur par une pratique personnelle, un savoir vivre en quelque sorte ou nous créons les conditions pour que chacun accède au bonheur. Autrement dit, soit le bonheur est une démarche individuelle soit il est consécutif à des arrangements collectifs. Ces deux approches ne s'excluent pas au nom

d'une idée simple : on ne peut être totalement heureux si l'un d'entre nous ne connait pas le bonheur. Je me dis à la fin de ce voyage que c'est fatigant ! Je me dis que chercher le bonheur est lassant, je préfèrerais chercher une aiguille dans une botte de foin.
- Es-tu désabusé ?
- Oui dans le sens où la quête du bonheur m'abuse. Il y a quelque chose de factice, de conceptuel, de suspect dans la notion de bonheur. Ou alors il faut user du mot autrement. Je sais une chose, je vis bon gré mal gré entre tristesse, souffrance, dépression, ivresse, enthousiasme, joie, angoisse, colère et je me dis que tout ça c'est le bonheur d'être vivant.
- Que veux-tu dire ?
- Que j'ai du bonheur à être triste par exemple parce que je suis l'auteur vivant de cette tristesse et que je ne veux pas à toute force y mette fin puisqu'elle est un bonheur. Je trouve un bonheur dans mes colères et dans mes angoisses parce qu'elles sont miennes, qu'elles me tiennent en vie.
- Trouves-tu du bonheur dans la douleur ?
- Je n'ai trouvé aucun bonheur dans ma dernière migraine et j'ai trouvé du bonheur à la voir disparaître après la prise d'un médicament.
- Tu vois qu'il y a des exceptions.
- Disons alors que je suis un intermittent du bonheur. Allons plus loin si tu veux bien.
- Veux-tu poursuivre ton voyage ?
- Ne fais pas l'idiot ! Il y a comme un amour dans le bonheur, un amour de soi particulièrement dans les moments où nous ne sommes pas aimables. Quand je dis « un amour de soi », je veux dire un amour des états dans lesquels nous sommes quels qu'ils soient. Aimer sa tristesse c'est se donner du bonheur. J'aimerai aimer mes dépressions ; finalement pourquoi ne pas aimer rester au lit avec des cigarettes et une bouteille de vin à regarder dans une crasse de trois jours quelques séries américaines. Dis comme ça on peut en rire non ? N'est-ce pas du bonheur ? Pourquoi ne pas aimer ces chagrins qui nous déchirent, qui

nous rappellent ô combien nous sommes vivants, faits de chair et de larmes et que c'est bon de vivre même déchirés.
- N'est-ce pas une sorte de masochisme ?
- C'en serait une si c'était la source exclusive du bonheur. Et puis il y a une différence entre se complaire et aimer. Tu vois, le bonheur d'aimer ce que nous sommes quoique nous sommes semble à notre portée.
- Si tu es atteint d'une grave maladie penses-tu que tu puisses accéder au bonheur ?
- Nous n'avons pas l'habitude de penser au bonheur quand nous sommes troués par des perfusions ; pourquoi ne pas tenter de changer l'habitude. Certes, être relié à une plomberie savante crée plus d'angoisse que de bonheur mais s'il n'y a pas de douleur, il peut y avoir une curiosité jubilatoire à voir comment vivre avec cette tuyauterie ; je te l'accorde cette démonstration est tirée par les aiguilles. Ce que je veux dire c'est que tant qu'une douleur ne monopolise pas ton énergie il y a un espace pour le bonheur.
- Tu parlais de s'aimer soi, n'est-ce pas un peu égoïste ?
- Dans ton système de valeur il semble bien que oui. Mais si la valeur est le bonheur je propose de commencer par soi. Comment en effet en parler à d'autres si nous ne possédons pas un échantillon sur soi. J'ai un rêve : qu'on me pose la question : « connaissez-vous le bonheur » et de pouvoir répondre : « je vais vous montrer le mien charge à vous de trouver le vôtre ». Est-ce égoïste ? Sans doute, alors je conseille d'aimer son égoïsme comme une occasion de bonheur supplémentaire.
- Ne serais-tu pas un peu provocateur ?
- Je n'ai aucune intention de ce genre mais si ce que je dis provoque alors ça contribue à mon bonheur. Vois-tu aimer ce qui se passe est un bonheur.
- Aimes-tu les massacres perpétrés ci et là ?
- Ce n'est pas ce je dis, je te croyais plus habile, je dis qu'il faut aimer le moment et ce qu'il nous fait. Pour reprendre ton exemple, quand j'apprends ces massacres je ressens une vive colère, j'aime cette colère, elle m'indique que je suis vivant et le savoir est un réel bonheur.

- Le bonheur c'est donc aimer.
- Oui, je te le dis après plus de deux mille six cents ans d'errements philosophiques et une grande fatigue.
- Je suppose que tu aimes cette fatigue.
- Exactement et j'en suis heureux.
- Es-tu heureux de la fatigue ?
- Décidément tu es un tantinet pesant ! Je suis heureux d'aimer. Je suis heureux d'aimer être en vie. Pourquoi faudrait-il que l'amour soit réservé aux êtres chers et parfois moins chers ?
- Sais-tu que tu arrives à la fin de l'espace que tu as réservé à tous les autres ?
- Oui, j'aime que les choses finissent. J'ai aimé ce voyage et tous ces penseurs, j'ai aimé le bonheur qu'ils m'ont donné. Je compte maintenant aimer mon bonheur et aimer en donner.

BIBLIOGRAPHIE

Theodor W. Adorno, *Dialectique négative*, Petite Bibliothèque Payot, 2003.

Theodor W. Adorno, *Prismes Critique de la culture et société*, Petite Bibliothèque Payot, 2010.

Alain, *Propos sur le bonheur*, Folio Essais, 2007.

Hannah Arendt, *Responsabilité et jugement*, Payot, 2005.

Michel Bakounine, *Catéchisme révolutionnaire*, L'Herne, 2009.

Michel Bakounine, *Dieu et l'Etat*, Mille et une Nuits, 2000.

Elisabeth Badinter, Robert Badinter, *Condorcet, Un intellectuel en politique*, Fayard, 1989.

Jeremy Bentham, Garanties contre l'abus de pouvoir, EMS, 2001.

Pierre Cabanes, *Le monde Grec*, Armand Colin, 2008.

Albert Camus, *Le mythe de Sisyphe*, Folio-Essais, 2010.

Sous la direction de Monique Canto-Sperber, *Philosophie grecque*, Presses Universitaires de France, 1998.

Robert Chenavier, *Simone Weil, l'attention au réel*, Michalon-Le bien commun, 2009.

Luciano De Crescenzo, *Les grands philosophes du moyen-âge*, de Fallois, 2003.

Jacques Ellul, *Métamorphose du bourgeois*, la petite vermillon, 1998.

Jacques Ellul, *Le bluff technologique*, Pluriel, 2012.

Encyclopédie de la Philosophie, La Pochothèque, « Le livre de Poche », 1993.

Julien l'Apostat, *Défense du paganisme : contre les Galiléens*, « Le Livre de Poche », 2010.

Ludwig Feuerbach, *L'essence du christianisme*, Tel-Gallimard, 1992.

Charles Fourier, *Œuvres complètes de Charles Fourier*, BiblioLife, 2009

Pierre Hadot, N'oublie pas de vivre, Albin Michel, 2008.

Pierre Hadot, Exercices spirituels et philosophie antique, Albin Michel, 2002.

Pierre Hadot, *La philosophie comme manière de vivre*, Biblio essais-Le Livre de Poche, 2008.

Jeanne Hersch, *L'étonnement philosophique,* Essais, Folio, 1993.

Claude-Adrien Helvetius, *De l'esprit*, Elibron classics, 2001.

D'Holbach, *Essai sur l'art de ramper à l'usage des courtisans*, Rivages Poche, Petite Bibliothèque, 2012.

D'Holbach, *La théologie portative : Ou dictionnaire abrégé de la religion chrétienne*, Coda Poche, 2007.

Lucien Jerphagnon, *Connais-toi toi-même… et fais ce que tu aimes*, Albin Michel, 2012.

Lucien Jerphagnon, *Histoire de la pensée, d'Homère à Jeanne d'Arc*, Tallandier, 2009.

Hans Jonas, *Le principe responsabilité : Une éthique pour la civilisation technologique*, Champs Essai, 2008.

La Boétie, *Discours de la servitude volontaire*, GF, Flammarion, 1983.

Diogène Laërce, *Vies et doctrines des philosophes illustres*, La Pochothèque, « Le livre de Poche », 1999.

Herbert Marcuse, *L'homme unidimensionnel : essai sur l'idéologie de la société industrielle avancée*, Les Editions de Minuit, 1968.

Jean Meslier, *Testament*, édition électronique anonyme à partir d'un facsimilé de la B.N.F.

Michel de Montaigne, *Les essais*, Le Monde de la philosophie, Flammarion, 2008.

Friedrich Nietzsche, *Ainsi parlait Zarathoustra*, Flammarion, 2008.

Friedrich Nietzsche, *Crépuscule des idoles*, Flammarion, 2008.

Friedrich Nietzsche, Ecce Homo, Flammarion, 2008.

Michel Onfray, *L'ordre libertaire. La vie philosophique d'Albert Camus*, Flammarion, 2012.

Michel Onfray, *Les sagesses antiques*, Grasset, 2006.

Michel Onfray, *Les ultras des Lumières*, biblio essais ; « Le livre de Poche », 2007.

Sous la direction de Jean-François Pradeau, *Histoire de la philosophie*, Seuil, 2009.

John Rawls, *Théorie de la justice*, Points Essais, 2009.

Bertrand Russel, *Eloge de l'oisiveté*, Allia, 2012

Bertrand Russel, *La conquête du bonheur*, Petite Bibliothèque Payot, 2010.

Saint Augustin, *Le mensonge*, Carnets, L'Herme, 2010.

Jean-Paul Sartre, *L'existentialisme est un humanisme*, Folio Essais, 1996.

Jean-Paul Sartre, *La nausée*, Folio, 1972.

Bernard Sesé, *Petite vie de saint Augustin*, Desclée de Brouwer, 1992.

Arthur Schopenhauer, Du néant de la vie, Mille et une Nuits, 2004.

Arthur Schopenhauer, L'Art d'avoir toujours raison, Mille et une Nuits, 2008.

Alain Thévenet, *William Godwin et l'euthanasie du gouvernement*, Atelier de création libertaire, 1993.

Tzvetan Todorov, *L'esprit des Lumières*, Robert Laffont, 2006.

Catherine Vincent, *Introduction à l'histoire de l'Occident médiéval*, références, « Le Livre de Poche », 1995.

Simone Weil, *Réflexions sur les causes de la liberté et de l'oppression sociale*, Folio-Essais, 2004.

.TABLE

Thalès	7
Héraclite	11
Protagoras	15
Leucippe	19
Aristippe de Cyrène	23
Diogène de Sinope	27
Epicure	31
Arcésilas de Pitane	35
Chrysippe	39
Plotin	43
Julien l'Apostat	47
Augustin d'Hippone	51
Pélage	55
Boèce	59
Denys l'Aéropagite	63
Anselme de Cantorbery	67
Roger Bacon	71
Etienne de la Boétie	75
Michel de Montaigne	79
Giordano Bruno	83
Jean Meslier	87
Claude-Adrien Helvetius	91
Baron d'Hollbach	95
William Godwin	99
Condorcet	103
Jeremy Bentham	107
Charles Fourier	111
Arthus Schopenhauer	115

Ludwig Feuerbach	119
Mickhaïl Bakounine	123
Friedrich Nietzsche	127
Alain	131
Bertrand Russel	135
Herbert Marcuse	139
Theodor W. Adorno	143
Hans Jonas	147
Jean-Paul Sartre	151
Hannah Arendt	155
Simone Weil	159
Jacques	163
Albert Camus	167
John Rawls	171
Pierre Hadot	175
L'auteur	179